「育つ土」を作る家庭菜園の科学

有機物や堆肥をどう活かすか

木嶋利男　著

ブルーバックス

カバー装幀／芦澤泰偉・児崎雅淑
カバーイラスト／山田博之
本文図版／さくら工芸社
目次・見出しデザイン／中山康子

はじめに

すべての農作物にとって「良い土」はあるのでしょうか。あるいは、「植物」にとっての「良い環境」と、「農作物」にとっての「良い環境」は同じなのでしょうか？　家庭菜園を作っている方にとっては、いずれも興味深い点でしょう。

その答えは本文に譲りますが、自然環境を観察し、家庭菜園や庭園を見比べるだけで、ある程度答えはわかるのではないでしょうか。どんなによく手入れされた畑であっても、植えられている農作物が気候や土壌などでその場所での生育に適さないものだったら、窮屈そうに生育しているものです。

作物を育てるうえで、「土作り」は大切です。家庭菜園では、プロの農家と違って、広い農地面積は望めませんから、限られた畑で少量多品目の野菜類を作ります。このため、プロの農家が単品目でおこなう土作りではなく、家庭菜園ならではの土作りが必要になります。たとえば、時間と空間を利用したローテーションや間作、混作があげられます。こうした少量多品目栽培においては、前作や後作との相性、野菜類が利用する肥料成分の違い、栽培の時期などによって、土作りを変えていかなければなりません。

また、伝承農法では土は作物を育て、作物は土を作るといわれています。現代農法では連作は不可とされますが、伝承農法では連作をおこなったうえで、野菜と土との相互作用を大切にします。家庭菜園には、こうした伝承農法を適用できる場合があります。

さて、土の中には、たくさんの微生物がいます。土作りを左右するのは、この微生物です。土の微生物は地球上のあらゆる有機物を分解しますので、物質の循環にとってなくてはならない存在です。微生物は1種類だけが永久に繁殖することはなく、つねに撹乱と安定を繰り返しながら、物質の循環に伴って遷移します。微生物は好みが強く、水分、温度、酸素、酸度などの条件によって、繁殖できる種類が異なります。土は有機物を分解しますので、土の中に有機物を埋めておくと、いずれ有機物は土に還り、作物にとっては養分になります。どんな有機物を埋めるかによっても、土の性質は大きく異なってきます。

土はたんなる無機体ではありません。それを生命体と考えたとき、宇宙のような限りない世界が広がります。「ふしぎな土の世界」に足を踏み入れてみましょう。

2014年11月

木嶋　利男

はじめに　03

第1章　家庭菜園の土　13

1―1　家庭菜園の野菜と生育環境　14
家庭菜園の野菜／野菜の栄養分

1―2　家庭菜園の土の性質　18
土はどこから来たか？／黒ボク土が多い／土の性質／粘土質の土壌でスイカは育つ？

1―3　土の物理性　26
固相率、空気率、水分率／土壌水分張力／土壌構造

1―4　土の化学性　30
粘土鉱物／腐植／養分保持力／酸度／電気伝導度／野菜作りに望ましい化学性／養分の不足と過剰／土の色と香り

コラム1　粘土鉱物や山土の客土　40

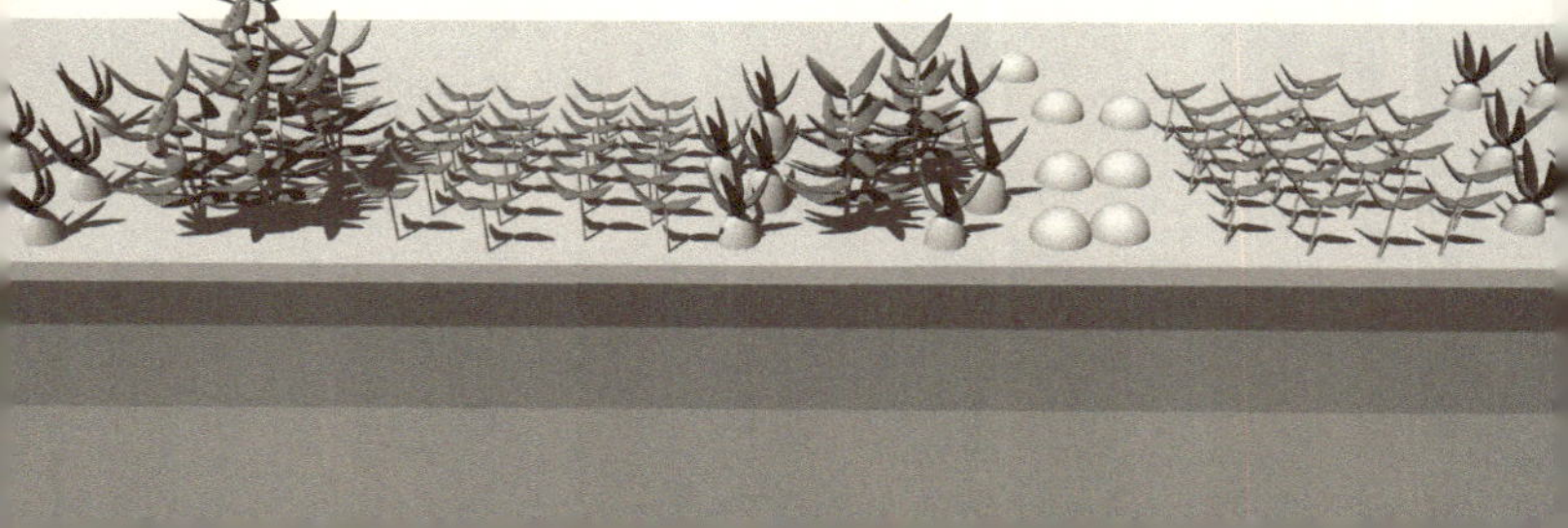

第2章 土の生き物を知る

第2章 土の生き物を知る …… 43

2―1 土の生物性 …… 44

土壌動物／土壌微生物／酸度と塩分濃度

2―2 土作りに役立つ微生物 …… 50

空気を肥料に変える微生物／植物と共生する微生物／土壌病害

コラム2 菌根菌を上手に利用する …… 55

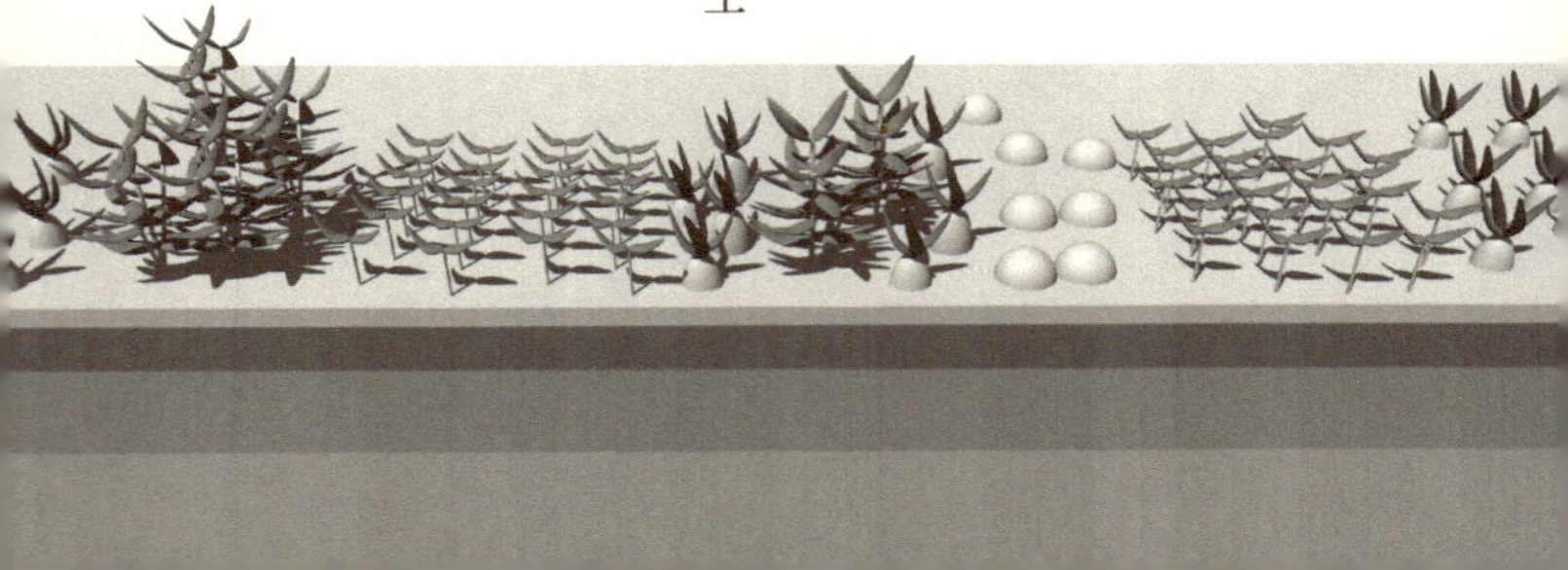

第3章　土作りの基本　57

3—1　土の立体構造　58

3つの立体構造／作土層／鋤床層／下層土／耕耘の方法／畝の立て方／畑をいつ耕すか／明渠と暗渠

3—2　家庭菜園の土作り　67

ホウレンソウで試し作り／初めて野菜を作付けする畑の土作り／耕作放棄地／水田跡／緑肥の利用／熟畑の土作り

コラム3　耕耘は良いことばかりなのか？　76

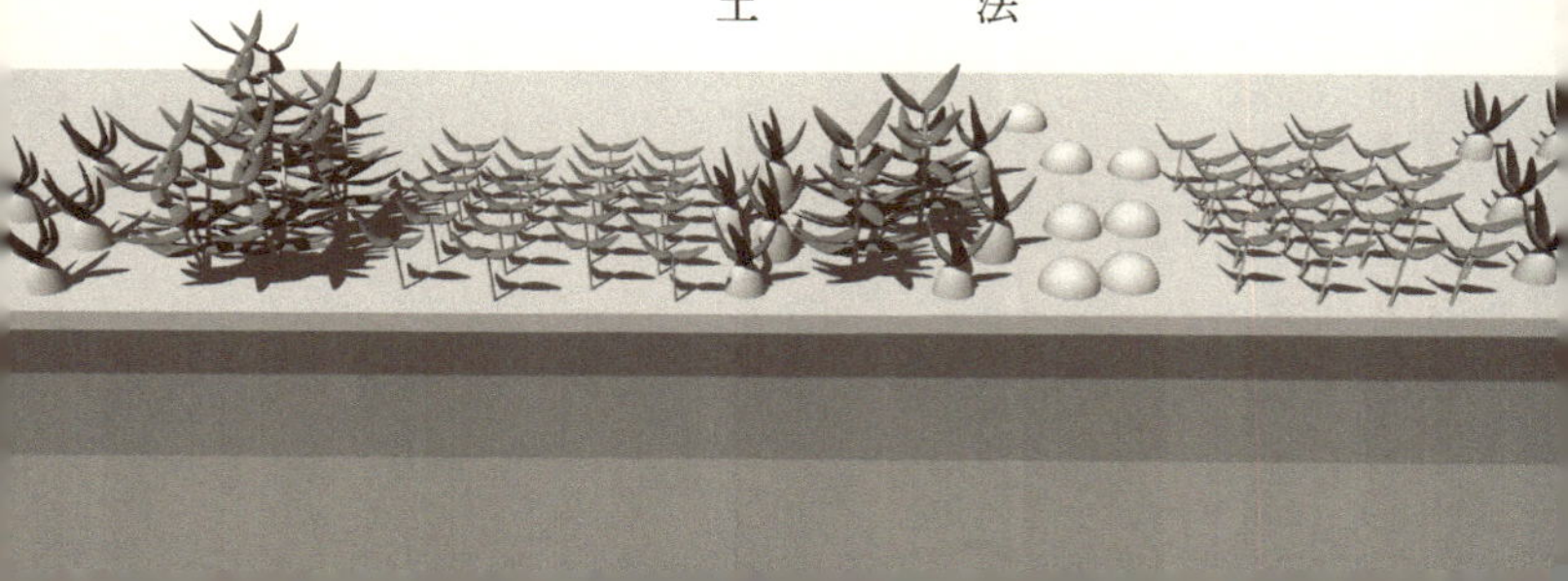

第4章 肥料と有機物のメカニズム

第4章 肥料と有機物のメカニズム …… 79

4―1 根の役割と、土の物質循環 …… 80
根の構造／根の種類と役割／作物の収穫残渣／土壌中の窒素と肥料

4―2 肥料や有機物は土をどう変えるか …… 87
畑に持ち込まれる物質／有機物の分解／堆肥の種類／堆肥の作り方／堆肥の施用時期／有機質肥料／木炭、石灰、腐葉土の効果／化学肥料／農薬／種子と苗／敷きワラ・敷き草／落ち葉床／水

4―3 養分の変化と作物の栄養吸収 …… 104
有機物の変化／堆肥や有機質肥料の上手な施用方法／化学肥料の上手な施用方法

4―4 ホームセンターで販売されている土 …… 109
基本用土と土壌改良材／播種と育苗用土

コラム4 有機質肥料なら大量施用しても大丈夫？ …… 111

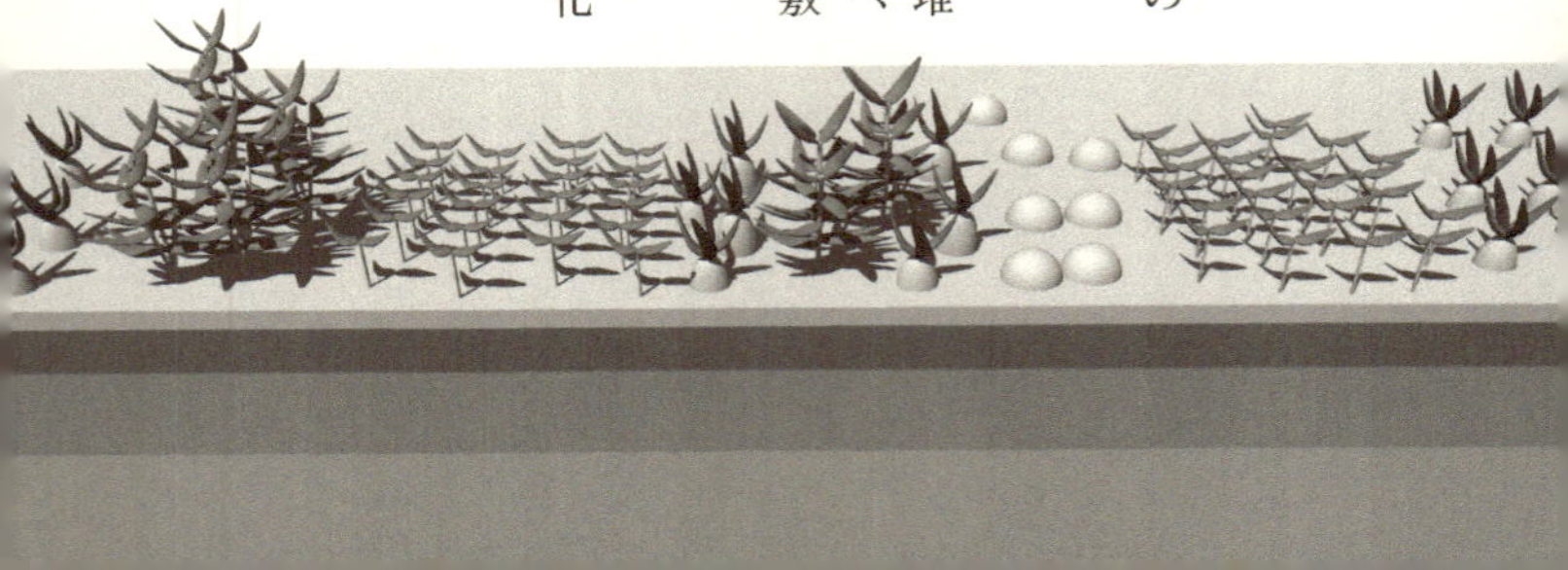

第5章 野菜類にとって「良い土」と「環境」とは 113

5-1 栄養からみた「良い土」 114
痩せ地を好むか、肥沃を好むか／単子葉野菜と双子葉野菜

5-2 水分からみた「良い土」 117
乾燥した土を好むか、水分の多い土を好むか／葉と水分

5-3 光からみた「良い土」 120
光を好む作物、嫌う作物／日長に応じた土作り

5-4 温度からみた「良い土」 125
野菜が好む気温／土の温度の調整

5-5 混植・間作・苗床 130
混植は強力な栽培方法／間作は生育期間の差を利用する／コンパニオンプランツの最新版／肥料は2倍必要か？／混植の実際／移植（苗床）の活用

コラム5 コンパニオンプランツはどうやって発見するのか 141

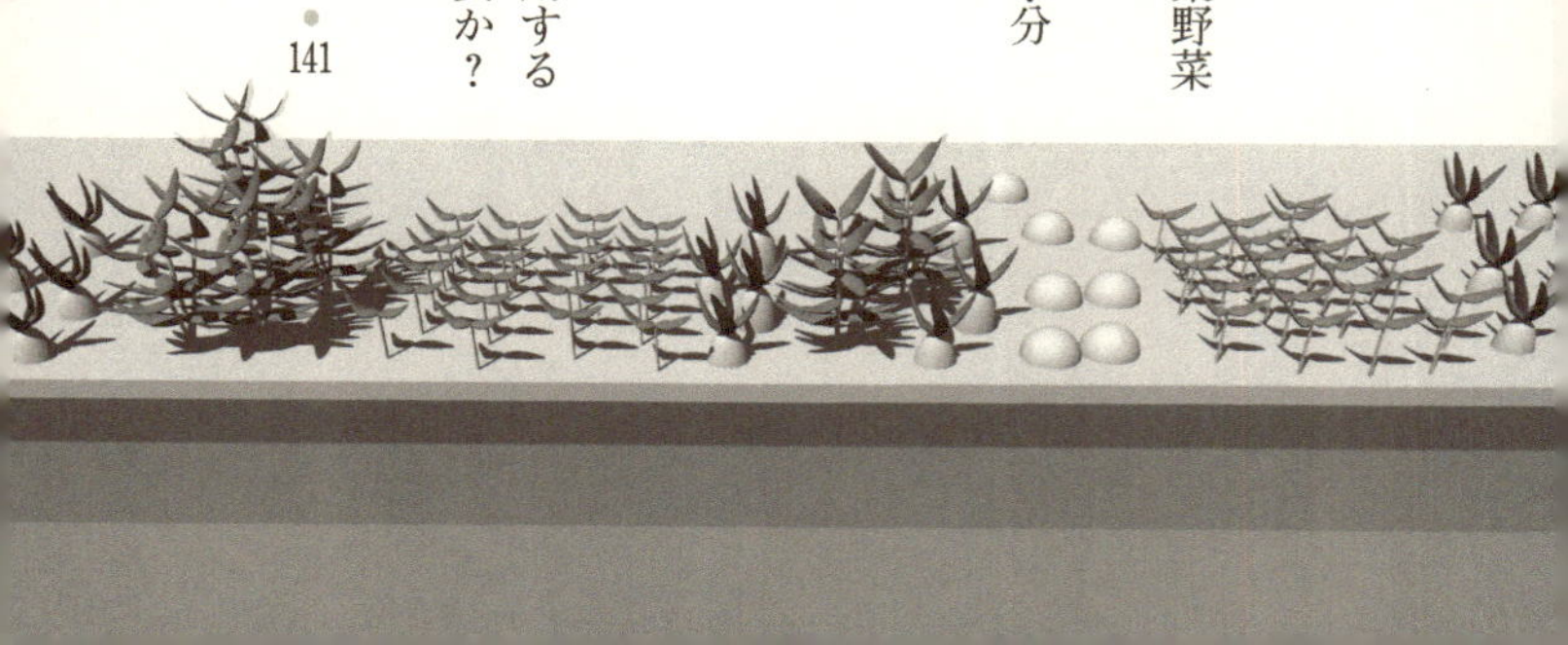

第6章 連作と輪作を使い分ける 143

6―1 連作・輪作とは？ 145
毎年同じ時期に、同じ作物なら連作／連作の有効性／発病抑止型土壌と発病衰退現象／輪作の有効性

6―2 連作・輪作で土に何が起きるか 154
すぐには分解できない／悪玉菌と善玉菌の増減／作物の適応

6―3 実証された連作 157
連作の実証実験／発病残渣の影響／病原菌の繰り返し接種／連作・輪作と微生物の多様性

6―4 連作・輪作の弊害への対策 170
連作の弊害への対策／輪作の弊害と対策／連作と輪作はどちらが優れているのか？

6―5 連作を利用した作付け計画 173
家庭菜園向けの連作方法／作付け計画

コラム6 連作・輪作の成功・失敗体験 180

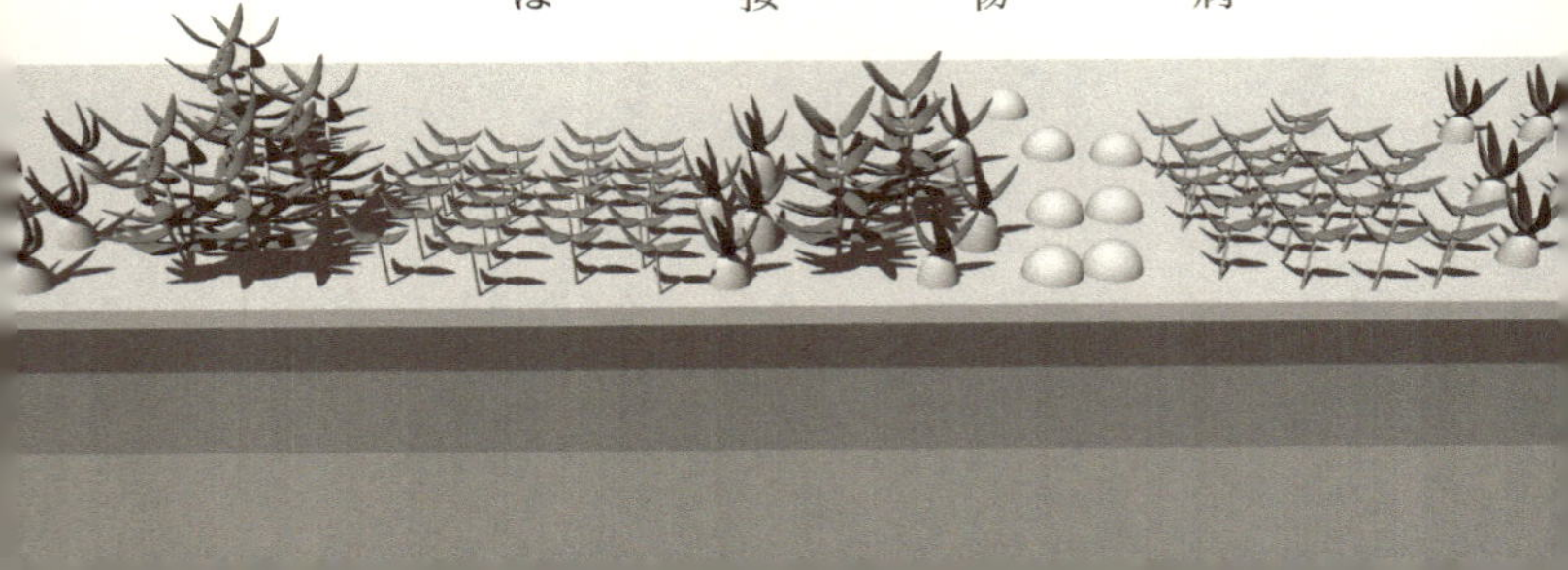

第7章 土の力を活用した家庭菜園 183

7—1 原産地から考える 184

原産地を知る／一年生と多年生

7—2 野菜と土の力を活かす 188

栄養生長と生殖生長／自然暦の活用／地力窒素が有効化する時期を狙う／種子の形成から考える／野菜が生育しやすい良い土と環境を

コラム 7 家庭菜園、最初はなにから始めたらいい？ 199

巻末資料 201

さくいん 216

作物名さくいん 218

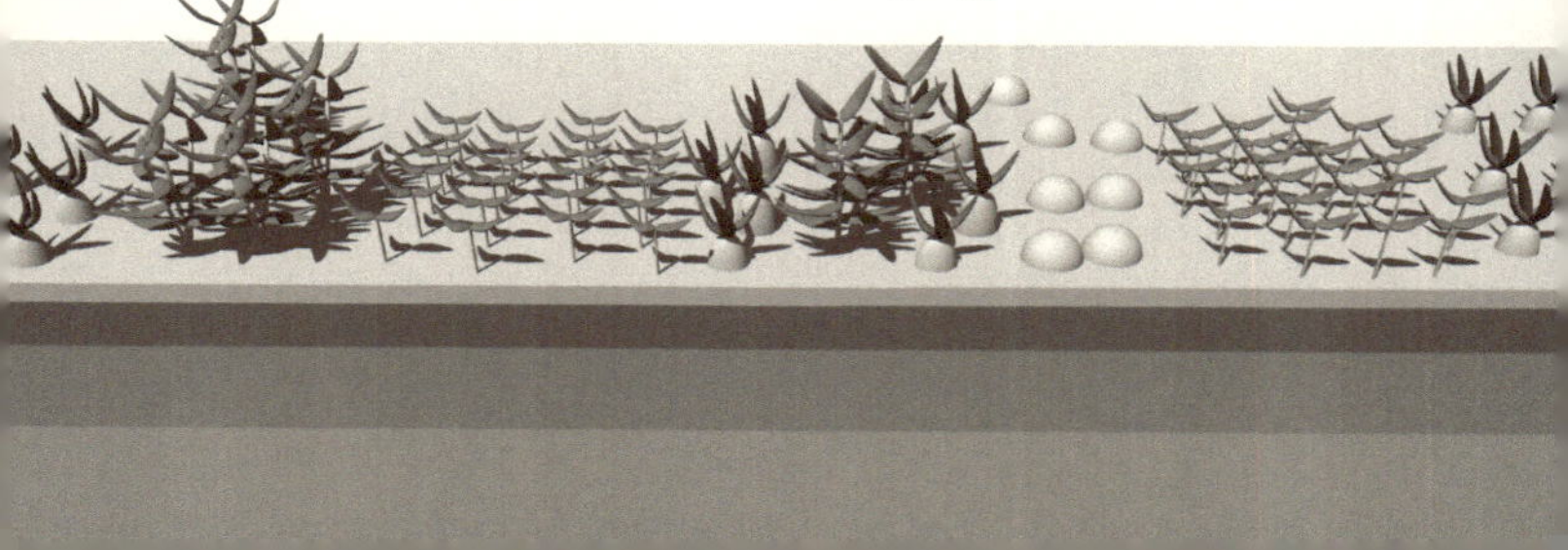

第1章　家庭菜園の土

1-1　家庭菜園の野菜と生育環境

家庭菜園の野菜

日本で栽培されている野菜は農林水産省に品種登録されているだけで154種類と多く、そのうち流通しているのが約80品目あります（指定野菜14品目、特定野菜29品目）。

家庭菜園では多くの野菜類が栽培されていると考えられがちですが、実際には国内で流通する3分の1程度の種類です。家庭菜園で栽培される定番野菜類となるともっと限られ、調理に利用される機会の多い品種がほとんどです。

家庭菜園で栽培される主な野菜を表1-1にまとめてみました。

家庭菜園で栽培される野菜は地域の気候や食文化によって異なりますが、これらのなかから、約半数の15種類前後が選択されて栽培されることが多いようです。主に栽培されるのはアブラナ科、ウリ科、ナス科、ネギ科、マメ科、キク科、セリ科の7科の野菜と、シソ科のハーブ類です。

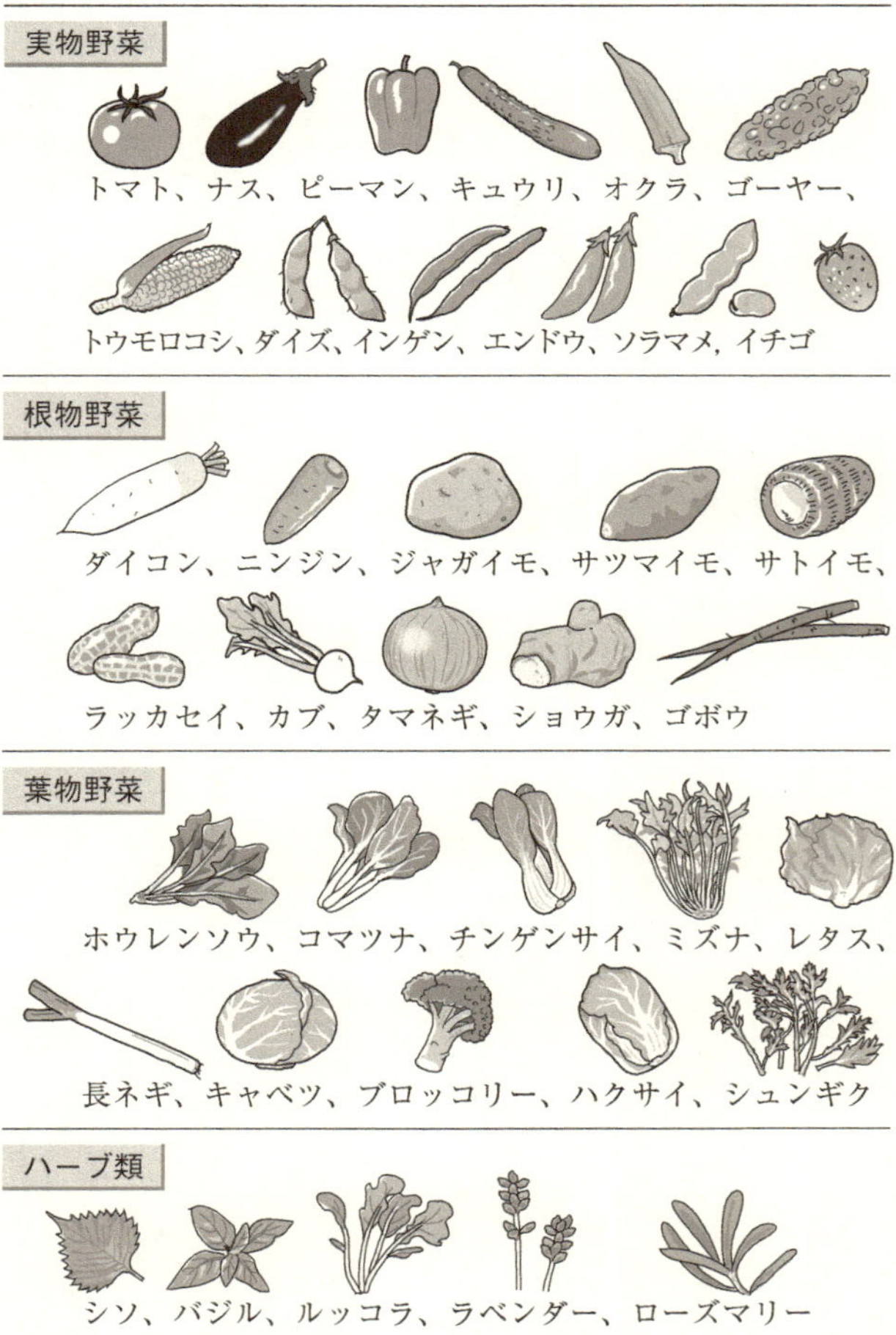

表１－１　家庭菜園で栽培される主な野菜

条件	内容
土壌	物理性、化学性、生物性
気候	温度、湿度、日照時間、降水量
環境	水田や畑地帯、都市部や農村部
植生	草の種類、周辺の植生（落葉樹林、常緑樹林、草原）、鎮守の森

表1－2　野菜の適期・適地の条件

家庭菜園では、温室などの施設で栽培されることは少なく、ほとんどは露地で栽培されます。施設栽培は、加温や電照などが容易におこなえるため、気温や日照時間などを無視しても野菜類を栽培することができます。これに対し、露地栽培は、気温や光をコントロールすることができませんので、適期に栽培することになります。

適期とは栽培する野菜類の生育適温の時期です。また、土の微生物、とくにその野菜の根圏で生息する微生物にとっても適温であることが大切です。このため、適温とはその野菜の生育に必要な気温と地温になります。適期に栽培した野菜類は旺盛に生育しますので、病害虫に強く、肥料分も少なくて済みます。

また、野菜類は水を好む種類や乾燥を好む種類などがあり、土壌条件を選びます。したがって、栽培する野菜が好む土壌の物理性や化学性を調べ、その野菜にとっての「良い土」とは何かを考える必要があります。土壌条件のほかにも、日照時間や降水量などの気候条件、水田や畑地帯、都市部や農村部などの環境条件、雑草を含めた周囲の植生条件なども考慮します。すべての条件に完全に合致することは難しいかもしれませんが、できるだけ条件の揃った適期、適地に栽培することは大切です（表1－2）。

本書では、これらの条件のうち、とくに土壌について詳しく解説していきます。

野菜の栄養分

最初に、家庭菜園の作物が、どんな栄養で育つかをおさらいしましょう。

動物は有機物を食べて栄養としますが、植物の栄養は無機物です。植物の栄養となる無機物には、主に窒素、リン酸、カリウム、カルシウム、マグネシウムがあり、これらを総称して「五大栄養素」といいます。五大栄養素が欠乏すると作物の生育に大きな影響が生じます。

五大栄養素のほかにも、硫黄、マンガン、亜鉛、ホウ素、鉄、銅、モリブデンなどの微量要素があります。これらの栄養は、いずれも土から吸収されます。したがって、農作物を育てるためには土にこうした栄養素がどれだけ入っているかを知ることが大事です。

土には、「理化学性」と「生物性」の2つの性質があります。土に栄養素がどれだけ入っているかも、こうした性質に左右されます。作物を育てるための土作りでも、「理化学性」と「生物性」はどちらも大切で、その重要度は半々です。

まず、理化学性の話をしましょう。「理化学」と聞くと難しそうですが、難解ではありませんので安心してください。理化学性の基本情報は、土壌の「土性」、「物理性」、「化学性」の3つの性質です。

1-2　家庭菜園の土の性質

土はどこから来たか?

私たちの家庭菜園で使う土はどこから来たのか考えてみましょう。土壌には、その土地ごとに、大きく分けて2つの由来があります。

一つは、地域の気候や植生に由来するもので、成帯性土壌（気候性土壌）といいます。成帯性土壌には、ポドゾール、褐色森林土、ラテライトなどがあり、エリア一帯に同じような土壌が分布していることが多いという特徴があります。

もう一つは、近くの岩や火山などに由来するもので、間帯性土壌（成帯内性土壌）といいます。母岩（土のもととなった岩）や地形によって作られた土で、局所的に分布しています。間帯

生成の種類	土壌の種類
成帯性土壌	ポドゾール、ラテライト、褐色森林土
間帯性土壌	黒ボク土(黒土)、灰色低地土、グライ土、泥炭土
非成帯性土壌	岩屑土

表1－3　土の生成による主な土壌の分類

性土壌には、主に黒ボク土、灰色低地土、グライ土、泥炭土があります。

日本の土壌はこれらが組み合わさって形成されていて、16種類に分類されます。岩屑《がんせつ》土、黒ボク土、黒ボクグライ土、灰色台地土、赤色土、暗赤色土、灰色低地土、黒泥土、砂丘未熟土、多湿黒ボク土、褐色森林土、グライ台地土、黄色土、褐色低地土、グライ土、泥炭土です。

これらを全部覚える必要はありません。日本の畑土壌は黒ボク土が47％を占めていますので、半分近くは黒ボク土です。黒ボク土は一般に「黒土」と呼ばれます。また、褐色森林土も畑に多い土壌です。水田土壌では、灰色低地土とグライ土で全体の67％を占めています。低地土は「沖積土」ともいわれます。主な土壌の種類を表1－3にまとめました。

黒ボク土が多い

これらのうち、日本の畑地では、「黒ボク土」が最も利用されていますので、家庭菜園でも黒ボク土の土壌が多いでしょう。黒ボク土は黒褐色の火山灰土のことです。日本は火山国ですから、火山の噴出物が広範囲に堆積していて、それが母材として発達して黒ボク土になりました。黒ボク土の大きな特徴は、活性アルミナ（酸化アルミニウム）が多く含まれることです。アルミナはリン酸と強く結合する性質があります。そのため作物がリン酸欠乏になりやすく、育ちにくくなります。微生物の働きも弱くなり、痩せた土壌になりやすいのです。

一方で、黒ボク土は、通気性や排水性が良く、保水性も良いという長所があります。つまり適度な湿り気の土になりやすいといえます。また、黒ボク土が黒色をしているのは、土壌の中に有機物が腐植として多量に集積しているためです。腐植については後で説明しますが、黒ボク土は、ほかの土壌に比べて腐植含量がきわめて高く、少ない場合で5％、多い場合20％以上を含む場合があります。その点では質の良い土壌といえます。

「褐色森林土」も、畑でよく使われています。落葉広葉樹が分布する地域で作られる土で、日本の山地や台地に広く分布していますから、日本人にとっては最もなじみのある種類の土壌でしょう。「森林土」という名称ですが、日本の畑は森林を開墾した土地が多いので、畑にも褐色森林土が多いのです。そのため、家庭菜園でもよく見かけます。色合いは文字通り褐色です。

落葉広葉樹が繁殖する場所では、落ち葉によって土壌に有機物が豊富に供給されます。そのため、褐色森林土は微生物の働きで腐植ができやすく、質の良い土壌になっています。

「岩屑土」も畑として利用されることがあります。山地や丘陵地の斜面に分布する土壌で、表土は浅く、表層30㎝以内に礫層や岩盤が現れます。

また、水田に多い土壌が「灰色低地土」と「グライ土」です。ともに沖積低地に分布し、排水はあまり良くありませんが比較的肥沃で、最近は畑に転用されることもあります。グライ土の名称は、下層にある「グライ層」という地層に由来します。グライ層とは、地下水などにより、土地が酸素の少ない状態になっている部分で、鉄が還元鉄となることから地層が青くなっています。

新しく家庭菜園をはじめるときは、自分の菜園がどういう生成の土なのかが気になります。それを判別するには、菜園の由来を、土地の所有者や近所の方に尋ねることです。もともと水田だったか（水田由来）、畑だったか（畑由来）がわかるでしょう。水田由来で、土の色が真っ黒だと黒ボク土、灰褐色であれば灰色低地土、下層に青いグライ層があればグライ土と考えられます。グライ層の土を表層に取り出すと、酸素が供給され還元鉄が酸化鉄になり赤褐色に変化します。

菜園が畑由来で、土の色が真っ黒だと黒ボク土でしょう。山林の近くで表土が黒褐色で、黄褐色の次層があれば褐色森林土だと考えられます。

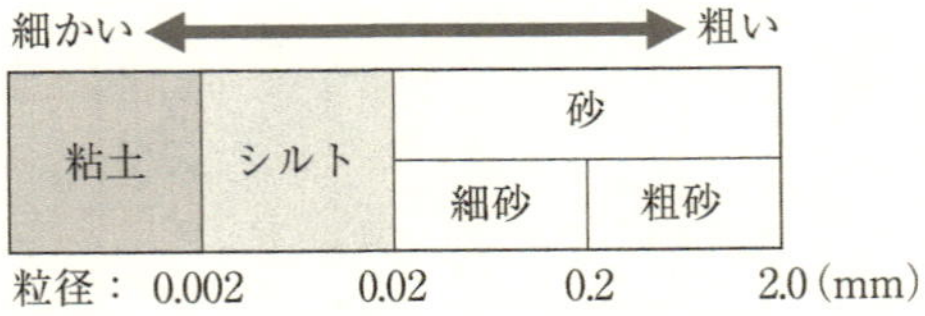

図1－1　土の粒子の大きさによる分類

土の性質

土の性質は、生成の過程が同じであったとしても場所により異なります。なぜなら、土は粒子の組み合わせによってできているからです。どのくらいの大きさの粒子で土ができているかを「土性」といいます。

もう少し具体的にいうと、土の粒子は大きさによって「粘土」「シルト」「細砂」「粗砂」の4つに分けることができ、「粘土」「シルト」「砂（細砂＋粗砂）」の含量によって土性が決定されます。いわば、土性とは「粘土のように細かい粒子」と「砂のように粗い粒子」がどのくらいの割合で組み合わさっているか、で決められるわけです（図1－1）。粘土はC、シルトはSi、砂はSと表示します。土性の分類を表1－4に示します。

これらの土で、どれが家庭菜園での栽培に適しているかは野菜によって異なります（表1－5）。砂壌土はヤマイモ、ゴボウ、レタスなどに適しますし、壌土はトマト、ナス、ピーマンなどに適しています。また、埴壌土はラッキョウ、ニラ、ショウガなどに適

土性			粘土含量	シルト含量	砂含量
砂質土	砂土	S	0～5	0～15	85～100
	壌質砂土	LS	0～15	0～15	85～95
壌質土	砂壌土	SL	0～15	0～35	65～85
	壌土	L	0～15	20～45	40～65
	シルト質壌土	SiL	0～15	45～100	0～55
粘質土	砂質埴壌土	SCL	15～25	0～20	55～85
	埴壌土	CL	15～25	20～45	30～65
	シルト質埴壌土	SiCL	15～25	45～85	0～40
強粘質土	砂質埴土	SC	25～45	0～20	55～75
	埴土	LiC	25～45	20～45	10～55
	シルト質埴土	SiC	25～45	45～75	0～30
	重粘土	HC	45～100	0～55	0～55

表1－4　粘土含量・シルト含量・砂含量と土性（%）

土性	野菜の種類
砂壌土 	ヤマイモ、ゴボウ、レタス、アスパラガス、ラッカセイ、キャベツ、ブロッコリー、タマネギ、ニンジン、ジャガイモ、サツマイモ、イチゴ、スイカ、メロン
壌土 	トマト、ナス、ピーマン、キュウリ、カボチャ、ハクサイ、ダイコン、カリフラワー、コマツナ、ミズナ、オクラ、トウモロコシ、ネギ、カブ、ホウレンソウ、シュンギク
埴壌土 	ワケギ、ニンニク、ラッキョウ、クワイ、セリ、ニラ、ショウガ、サトイモ、ミョウガ、エンドウ、ソラマメ、タアサイ

表1－5　野菜によって適した土性は異なる

しています。

壌土は握ると固まりますが、押せば崩れるくらいのやわらかさです。これに対し、砂壌土はよりやわらかい土で、排水性や通気性が良くなりますが、そのぶん保水性・保肥性が悪くなります。乾きやすいので水やりを多くしなければなりませんが、水をやれば養分が流されやすくなります。一方、壌土よりやや硬い埴壌土は保水性・保肥性が良くなりますが、排水性・通気性が悪くなります。雨が降るとぬかるみやすく、根腐れしやすい土です。

土性は作物の生産性に最も密接に関係します。排水性、透水性、保水性、養分吸収力、養分含量、根群の伸長などに大きな影響を与えるからです。そのため、自分の菜園の土性を知っておくことは大切で、栽培する野菜を選ぶときに参考にします。

粘土質の土壌でスイカは育つ？

たとえば、スイカの場合、水はけの良い砂質土や砂壌土で栽培します。これは、スイカの原産地が、南アフリカの砂漠周辺だからです。砂質という土壌条件のため、スイカは乾燥から身を守る性質を持っています。茎葉は地表を這い日陰を作りながら、根は水を求め深い位置に伸びます。

日本で似た土性を持つ土地は海岸付近の砂地です。このため、日本のスイカ産地は海岸付近の水はけのよい砂地が多くなります。

では、水はけの悪い粘土質の土壌でスイカを栽培したらどうなるでしょうか。実際に植えてみると、スイカは砂地同様に、根を深い位置に伸ばそうとします。しかし、これでは根は酸素不足になって腐敗し、上手に育ちません。

水はけの悪い粘土質や埴土などの不適地で栽培する方法として、伝承農法の鞍作りがあります。栽培する場所を30㎝以上掘り下げ、乾燥した落ち葉やカヤを入れて土を戻し、20㎝以上の丸い高畝（鞍）を作って定植します。こうすると、スイカは本来の性質から深い位置に根を伸ばします。深い位置に乾燥した有機物があり、また高畝になっているため、水はけが良く、酸素が十分に供給されます。この方法なら粘土質でもスイカを育てることは可能です。

他にも、高さ30㎝以上の木枠を作り、この中に水はけの良い土を入れて栽培する隔離ベンチ方式などもあります。

いずれにしても、作物には土の好みがあり、栽培する野菜に合わせた土作りをすることが大事です。とはいえ、土作りを行えばすべての野菜類が育つわけではありません。野菜が育つには、土壌、気候、環境などのさまざまな条件があることは、先に述べたとおりです。

1-3　土の物理性

土には硬いものもあれば、やわらかいものもあります。水はけのいい土もあれば、水持ちのいい土もあります。こうした性質を「土の物理性」といいます。土の物理性を決める要素は多いですが、「固相率、空気率、水分率」「土壌水分張力」「土壌構造」の3つが重要です。

固相率、空気率、水分率

土の固体の部分を固相といいます。固相と固相の間に隙間（孔隙）があり、この部分に空気（気相）と水（水相）が入っています。それぞれの率を固相率、空気率、水分率といいます。

三相の理想的な比率は、固相：空気：水分＝5：2：3あるいは5：3：2といわれていて、いずれも固相と孔隙が1：1の半々です。

固相と孔隙が1：1の土は、やわらかく、ふかふかです。固相率が50％以上になると、数字が大きくなるにつれ緻密で硬い土になり、作物の根伸びが悪くなります。

土壌の硬さ（緻密度）は土壌硬度計で測定することができます。代表的なのが山中式硬度計

吸水力	上限pF	野菜の種類
小 ↑	pFの上限が2.0の野菜	夏キュウリ、トマト収穫期、イチゴ
	pFの上限が2.2の野菜	ショウガ
↓ 大	pFの上限が2.5の野菜	秋キュウリ、トマト生育初期、セルリー、サトイモ

表1－6　野菜の種類と土壌水分張力の上限。pFが大きいほど、吸水力が強い

で、バネの収縮を利用した簡単な測定機です。山中式硬度計では、バネが40㎜縮むのに8kgの力が必要です。この硬度計で測定した場合、葉菜類や果菜類の根が十分に伸長できる土の硬さは20㎜以下で、根菜類は18㎜以下です。数字が大きいほうが、より硬い土でも育つことを意味します。

土壌水分張力

固相と固相の間の孔隙に入っている水分は、固相に吸着して結びついています。水が固相に結びつく力は、土壌水分張力（pF）で示されます。水分が土壌にまったくない絶対乾燥状態が「7」で、これ以上水が吸着できないという飽和状態が「0」です。要するに、土の湿り気を示す指標です。

乾燥状態の7では、水分は土壌にありませんので、植物は水を利用できません。逆に、固相にしっかり吸着した水分も、植物は利用できません。植物が利用できるのは、固相に保たれていて、固相に

吸着しすぎていない水です。これを「毛管水」といいます。毛管水が存在している土壌のpFは1・8〜3・8です。このくらいの数値が、やわらかく、適度な湿り気の土といえます。

野菜は種類や生育のステージによって、水を吸収できる力が異なります。このため、毛管水であっても、すべての野菜が利用できるとは限りません（表1－6）。たとえば、トマトの場合、生育初期は水を吸収する力が大きいですが、収穫期になると小さくなります。また、秋キュウリは夏キュウリよりも吸水力が大きいです。

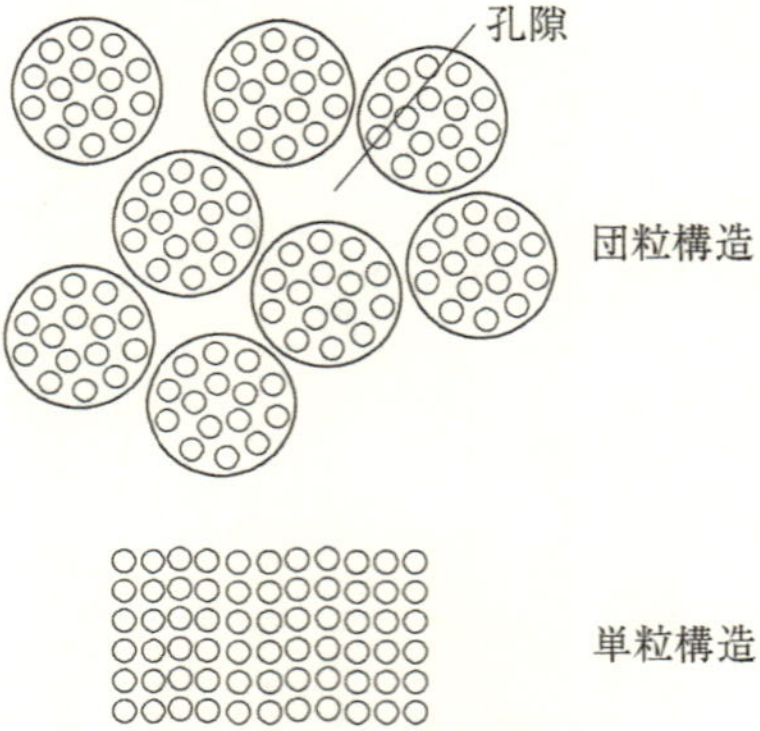

図1－2　土壌の単粒構造と団粒構造

土壌構造

作物がよく育つ理想の土とは、適度に水はけが良く、適度に水持ちも良いという、相反する2つの条件を満たす土壌です。その難しい条件を満たすには、土壌を構成する粒子の配列が重要になります。

土の中の粒子の配列を土壌構造といい、主に「単粒構造」と「団粒構造」があります（図1－2）。単粒構造は、土壌粒子がきれいに整列している状態で、粒子と粒子の隙間（孔隙）が少なくなっています。孔隙が少ない土は水分や養分をためにくいので、野菜作りには適しません。

家庭菜園に向いているのは、土の粒子が強く結合して粒状に固まった団粒構造です。団粒構造になると孔隙が増加するので、固相率が小さくなり、水はけや水持ちが適度で、根も伸びやすい、野菜作りに適した状態になります。

団粒構造を発達させるには、堆肥を施用するなどして土壌内の有機物を増やすことです。有機物が微生物に分解される過程で団粒が形成されていくからです。したがって、有機物の施用が土作りの大切な要素となります。

砂のような土は、水はけが良くても水持ちが悪いです。粘土のような土は、水持ちが良くても水はけが悪いです。どちらも家庭菜園には向きません。家庭菜園には、水持ちと水はけの両方に優れた土が適しています。

1-4　土の化学性

土地は「肥えている」「痩せている」などの表現をされることがあります。こうした土地の性質の指標が、土の「化学性」です。土の化学性を決める要素には、粘土鉱物や腐植の含量、養分保持力、酸度、五大栄養素や微量要素の含量などがあげられます。これらがバランス良く混合すると「肥えた土」になります。

ここでは、土の化学性を決める要素を順に説明していきましょう。

粘土鉱物

岩石が風化してその成分がバラバラになり、それにさまざまな自然環境が作用すると、元の岩石とはまったく異なる配列の結晶が生成されます。これが粘土鉱物です。粘土鉱物は肥料成分が流亡しないように電気的に吸着したり、土壌粒子を結合して団粒構造を作ったりするなどの役目があります。

粘土鉱物にはさまざまな構造があります。日本では、火山灰土以外の土壌に含まれる粘土鉱物のほとんどがカオリナイトと呼ばれるもので、アルミニウムとケイ酸が1：1の割合でつながっています。カオリナイトは肥料成分を吸着する力が小さく、野菜作りをする場合は、有機物を施用する必要があります。

火山灰土に含まれる粘土鉱物としては、アロフェンがあります。日本に多く存在する黒ボク土に多く含まれていて、黒ボク土の性質のいくつかはアロフェンに起因するともいわれています。アロフェンを多く含む土壌は肥料成分を集めやすく、リン酸を保持する力が強いという特徴があります。

そのほか、主な粘土鉱物の特徴を巻末資料1にまとめました。

腐植

野菜作りについて学びはじめると、「腐植」という言葉によく接することになります。腐植とは広い意味では土の中にある有機物のことです。金属などが変質する「腐食」ではありません。土壌中で動植物などを由来とする有機物が不完全に分解されている状態です。腐植は、分解されて無機化しやすい易分解性腐植（栄養腐植）と、ほとんど変化しない安定腐植（耐久腐植）とに分けられます。

家庭菜園で大切なのは栄養腐植です。栄養腐植は、水と温度を加え、微生物活性を高めると分解されて無機化し、栄養分が出てきます。この栄養分は窒素が多いのですが、これは、通常の化学分析では測ることができません。

こうした通常の化学分析では測れない窒素を「地力窒素」と呼びます。要するに、栄養腐植に含まれていて、有効化される前の窒素が地力窒素です。

一方、安定腐植は、水や温度を加え、微生物活性を高めても分解されずに残ります。安定腐植は、黒ボク土に多く含まれていますが、作物の栄養源としてはあまり価値がありません。

養分保持力

家庭菜園の土は栄養分豊富で肥沃であってほしいものです。では、それはどうやって測るのでしょうか。少しややこしいですが、「陽イオン」というものを使います。

無機物が、植物の栄養分であることはすでに述べました。無機物はプラス電荷（陽イオン）を持っています。そのため、陽イオンを多く引きつけることが可能な土壌は、栄養分の保持力が高い肥沃な土壌ということになります。

無機物のうち、たとえばカルシウム、マグネシウムは原子1つに2つの陽イオンを持っていま

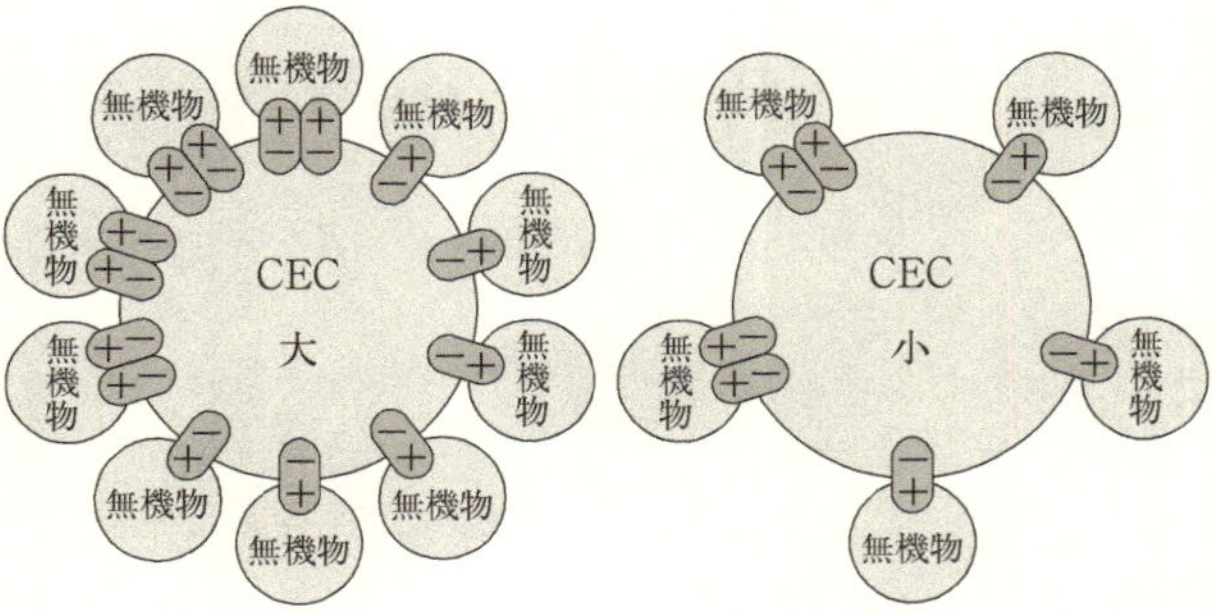
保持できる養分が多い
保持できる養分が少ない

図1－3　養分保持力

す。また、カリウム、アンモニウムは1つの陽イオンを持っています。

陽イオンを吸着する力があるのはマイナスに荷電している物質で、土壌中の粘土鉱物や腐植などがそれにあたります。陽イオンを吸着できる量を陽イオン交換容量（Cation Exchange Capacity：CEC）といい、養分保持力と言い換えることができます。養分保持力が大きいほど、栄養分を吸着する力が強く、多くの養分を保持できます（図1－3）。

陽イオン交換容量は乾土100gあたりのmg当量で示します。値が大きいほど多くの陽イオンを吸着することができます（表1－7）。

養分保持力の高いのは、モンモリロナイトやバーミキュライトといった粘土鉱物です。こうした粘土鉱物が多く含まれる土壌では、栄養分が流されにくいので、肥沃な土壌

粘土鉱物の種類	CEC(mg/100g)	備考
カオリナイト	3〜15	火山灰土以外で多くみられる
ハロイサイト	10〜40	
モンモリロナイト	80〜150	干拓地や蛇紋岩などに含まれる
イライト	10〜40	
バーミキュライト	100〜150	雲母類を焼成したもの
クロライト	10〜40	
アロフェン	30〜200	火山灰土に多く含まれる
腐植	30〜280	
火山灰土	20〜35	

表1－7　粘土鉱物と陽イオンの吸着量（CEC）。バーミキュライトは数値が高く、手に入れやすい

になります。腐植の多い土壌も、やはり栄養分を保持できますので肥沃な土壌です。

したがって、家庭菜園を肥沃な土壌にするためには、陽イオン交換容量が高く、手軽に手に入る物質を施用するといいでしょう。一般的なのはバーミキュライトで、土壌改良材として販売されています。

酸度

「酸性の土は作物の育ちが悪い」という話を聞いたことがある人もいるでしょう。それには理由があって、酸性の土壌では、作物による栄養素の吸収が抑制されるからです。

困ったことに、日本の土壌は酸性になりやすい条件が揃っています。土壌の多くが火山性の母岩からできていてもともと酸性が強いうえに、温暖で雨が多い気象条件

酸性を好む	耐酸性が強い	耐酸性はあるが弱い	酸性に弱い
サトイモ チャ イネ ルーピン 	ダイコン カブ カリフラワー サツマイモ ダイズ 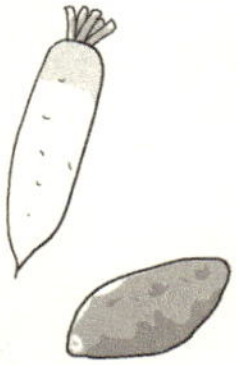	トマト ジャガイモ ソラマメ コムギ 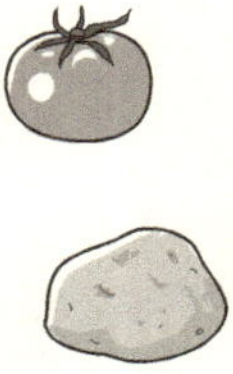	ホウレンソウ ネギ ナス レタス エンドウ オオムギ 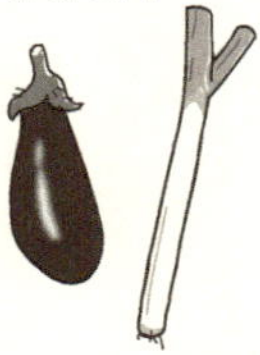

表1－8　土壌酸度と農作物。野菜が好む酸度は種類により異なる

だからです。雨水の中には炭酸が入っているため、雨が土壌に直接落ちると、粘土に吸着されているカルシウム、マグネシウム、カリウムが追い出され、炭酸が吸着されてしまうため酸性化が促されます。

「土がどのくらい酸性か」を表す指標が酸度（pH）です。野菜が好む酸度は、種類によって異なります（表1－8）。

土壌が酸性になると、作物はホウ素やモリブデンの欠乏症が発生しやすくなります。さらに、マンガン、鉄、銅、亜鉛は酸性で溶けやすいため、過剰に吸収して障害を発生させます（表1－9）。

土の中の栄養分の溶け方は、酸度によって異なります。こうしたことから、土壌酸度を調べ

欠乏症・過剰障害が生じやすい項目	栄養分
酸性で吸収されにくく欠乏症が生じやすい栄養分	窒素、リン酸、カリウム、カルシウム、マグネシウム、ホウ素、モリブデン
酸性で溶けやすく過剰障害が生じやすい栄養分	マンガン、鉄、銅、亜鉛
アルカリ性で吸収されにくく欠乏症が生じやすい栄養分	鉄、マンガン、銅、亜鉛

表1－9　酸性・アルカリ性で欠乏症や過剰障害の生じやすい栄養分

ることは野菜栽培にとってきわめて重要です。硫酸基（SO_4基）を持つ化学肥料の施用を続けると、酸性土壌になりやすい、ということも頭に入れておきましょう。

電気伝導度

土壌の中に、どのくらい肥料分が含まれているかを測る指標が電気伝導度です。電気は純水の中は伝わりませんが、塩類（肥料成分）が溶けていると伝わります。電気の伝わり方は塩類の濃度に比例し、とくに硝酸態窒素含有量とは強い相関関係があります。したがって、電気伝導度が高い土壌は窒素が多い、つまり、肥料過多の可能性があります。

野菜作りに望ましい化学性

いろいろ指標が出てきてややこしいかもしれませんので、ここで簡単に、野菜作りにふさわしい化学性についてまとめてみましょう。表1－10に示したとおりで、酸度が5・5〜6・5、電気伝導度が0・3〜0・7mS／cmなどとなっています。

カルシウム、マグネシウム、カリウムといった作物の栄養素も、多ければいいというわけではありません。養分バランスも必要で、カルシウム：マグネシウム：カリウム＝6：4：3に近いことが望ましいバランスです。

酸度（pH）	5.5〜6.5
電気伝導度	0.3〜0.7mS/cm
有効態リン酸	10mg/100g以上
カリウム	20〜40mg/100g
カルシウム	300mg/100g以上
マグネシウム	30mg/100g以上

表1－10　野菜作りに望ましい化学性。土壌分析で自分の菜園の化学性を測るときの目安になる

自分の家庭菜園の土壌の状態を測るには、土壌分析をおこなうといいでしょう。土壌分析はプロの農家に対してはＪＡや都道府県の農業指導機関がおこなっています。

公的機関が運営する市民菜園では、土壌分析をおこなってから貸し出している場合が多いのでそれを参考にしましょう。また、畑を農家から借用している場合は、貸し出す前の栽培時に分析したデータを見せてもらうと参考になります。

最近は素人でも手軽に診断できる簡易土壌診断キットが販売されているため、菜園仲間で共同購入して利用するのも一つの方法です。

養分の不足と過剰

作物の生育でとくに重要なのが、窒素、リン酸、カリウム、カルシウム、マグネシウムの五大栄養素であることはすでに述べました。窒素はすべての作物に必要な成分で、主に茎葉を生育させます。リン酸は花や果実を大きくさせ、カリウムは主に根の生育に欠かせません。カルシウムも根の生育を促し、マグネシウムはリン酸の吸収を高める役割があります。

これらは、作物の必要養分のうち、とくに多量に必要なエネルギー源なので、「多量要素」と呼ぶことがあります。一方、多量に必要ではないものの重要な養分が「微量要素」で、硫黄、マンガン、亜鉛、ホウ素、鉄、銅、モリブデンなどです。

これらの養分が不足したり過剰になったりすると生育に影響が出ます。たとえば、窒素が欠乏すると、葉が黄色っぽくなり全体に生育が悪くなります。リン酸が欠乏すると、葉が小さくなって濃緑色になり全体につやがなくなります。カリウムが欠乏すると、葉が黄色っぽくなり枯れたりします。カルシウムが欠乏すると、葉や根の先端の生長がとまります。マグネシウムが欠乏すると、下のほうの葉や果実近くの葉が黄色くなったりします。

養分が過剰になった場合でも生育に影響が出ます。窒素が過剰になると、茎や葉が軟弱になり、病害に弱くなります。リン酸やカリウムが過剰になると、マグネシウムの吸収を阻害することがあります。

このように、養分は不足でも過剰でも良くありません。肥料は土壌の養分の不足を補うことができますが、施肥しすぎには注意しなければなりません。

土の色と香り

黒々とした土の畑は、肥沃そうに見えたりするものです。実際に、畑に立ってみると、強い土のにおいや香りが感じられることもあります。こうした土の色や香りと土の化学性には、ある程度の相関関係があります。

たとえば、腐植の含量や地力については、土の色が黒褐色の場合は高く、白～黄色の場合は低い傾向にあります。また、塩類が集積した土壌では、乾燥すると、表面に塩類の結晶ができ白っぽく見えたりします。

香りについては、カビ臭や腐敗臭がある場合は土壌微生物が盛んに繁殖する攪乱期にあたります。一方、ほとんど香りがない場合は安定期にあたります。また、有機物のセルロースが放線菌によって分解されると、床下のような香りがします。

見た目だけで土壌の性質をすべて判断することはできませんが、選ぶなら、土の色が黒っぽくて、香りの少ない畑がベターです。

コラム1

粘土鉱物や山土の客土

土が砂質で養分の保持力が弱い畑では、粘土鉱物や山土を搬入することがあります。これを「客土」といいます。客土をすると、地力が改善され、見違えるほど立派な野菜ができることがあります。一度成功すると、他の野菜や畑でも応用したくなるものです。

しかし、客土が常にうまくいくとは限りません。サツマイモや豆類など栄養分が少ない土を好む野菜もありますので、そこへ粘土鉱物が多く含まれている土を客土すると、失敗することもあります。客土をするときは、土の種類や栽培する野菜を考えて施用します。

本文で書きました通り、粘土鉱物に吸着される栄養分は、カリウム、アンモニウム、カルシウム、マグネシウムなど陽イオンを持っている無機物です。これらの化学肥料を施用する場合に、粘土鉱物は有効に働きます。しかし、有機肥料には、必ずしも粘土鉱物が有効に働くとは限りません。なぜなら、有機肥料は微生物によって分解されて栄養となる無機物が作られますが、粘土鉱物を搬入することで微生物の繁殖を抑制し、有機物の分解を遅らせてしまうことがあるからです。

一方で、有機物から作られる腐植は粘土鉱物と同じように栄養分を保持する力が強いので、堆肥などの有機物施用は粘土鉱物と同じような効果が期待できます。

粘土鉱物のデメリットを利用する方法もあります。たとえば、有機質肥料では粘土鉱物を混ぜて分解を遅らせ肥効を長くする方法があります。また、鶏糞などの厩肥は急激に分解されて悪臭を放ち、栄養分を飛散させてしまうため、粘土鉱物を混和して分解を抑制する方法もあります。

第2章　土の生き物を知る

2-1　土の生物性

次に「土の生物性」の話をしましょう。土は生き物の宝庫です。畑の土の中には10アール（1000㎡）あたり700kgの生物が生息しています。そんなにいるの？　と疑問に思われる方もいるでしょうが、その95％以上が微生物で、人間の目では見えません。微生物以外の動物は、5％程度です。

土の生き物は、土壌の性質にも影響を及ぼします。したがって、野菜作りには土壌生物を上手に利用します。

土壌動物

土壌の中で生活する動物の総称が土壌動物です。家庭菜園にとって、土壌動物は大切な存在です。前の期に栽培された収穫の残り物（収穫残渣）や肥料として投入された有機物を分解してくれるのが土壌動物だからです。

収穫残渣や植物性の有機物を食べるのは、大中型のミミズ、ナメクジ、カタツムリ、ダニ、トビムシなどです。これらの糞尿はワムシやミジンコによって食べられるか、あるいは細菌や糸状菌などの土壌微生物に利用されます。また、ミミズは大型動物のモグラなどの餌になります。このように土壌動物は耕地生態系の物質循環を形成しています。

ところで、ミミズがいる畑は良い畑、などといわれることもありますが、本当なのでしょうか？　あるいは、土壌動物が多い菜園は良い畑なのでしょうか？

「良い畑ですか？」の問いには「ノー」という答えになります。ただし、「良い畑になりますか？」という未来形の問いには「イエス」と答えます。

なぜなら、ミミズが多い畑は、有機物が微生物の分解を受ける前の状態だからです。ミミズが収穫残渣や未熟な有機物を消化した後、微生物による本格的な分解がはじまります。ミミズの数が多くなると大型動物のモグラが好物のミミズを求めて侵入してきます。場合によってはミミズを求めてイノシシも侵入してきます。生ごみを畑に施用するとモグラの被害を受けるのはこのためです。こうした状態の畑の土は「良い状態」とはいえません。

しかし、ミミズが発生する菜園は、有機物が十分に施用されているため、やがて良い土になります。したがって、ミミズが消滅したころには良い土になっているでしょう。

土壌微生物

土壌動物より小さい生物が土壌微生物です。収穫残渣や肥料などの有機物の大半は、土壌微生物によって分解されて無機物となり、作物の生育に利用されています。したがって、土壌微生物は、菜園になくてはならない存在です。

土の中には1gあたり30億個の微生物が生息しているといわれています。しかし、研究によって生態がある程度解明されているのは、土壌微生物全体の10%程度といわれています。さらに、人工的に培養できる微生物は全体の1%にすぎません。残りは未知の微生物です。

微生物には、大きく分けて「菌類」「細菌」「藻類」「原生動物」の4つがあります。土壌中では、主に細菌と菌類が有機物を分解します。野菜作りでよく耳にするのは、細菌（一般細菌）、放線菌、糸状菌と酵母の4つです。これらについて簡単に説明しましょう。

（1）一般細菌

土壌中で数が多いのが一般細菌です。一般細菌は細胞の中に核を持たない原核微生物です。

（2）放線菌

放線菌も土壌中に広く分布する微生物です。細胞が菌糸を形成して細長く増殖するので、その形から放線菌と呼ばれます。菜園では、高分子の有機物を分解する役割を担っています。

（3）糸状菌

糸状菌は真核微生物で、菌糸を持っています。植物病原菌の多くは糸状菌の仲間です。ただし、菜園では有機物分解を担う有用な糸状菌も数多く生息します。

（4）酵母

酵母とは菌糸での生長を失った単細胞の微生物です。花、果実、樹液など糖分を多く含む場所で繁殖し、菜園では有機肥料の発酵に利用されます。

土壌生物のうち、畑の土の中は微生物だけで全体の95％以上

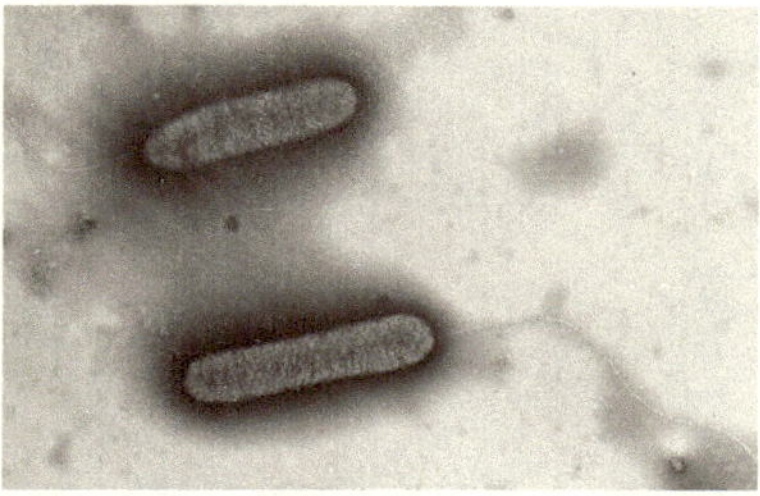

写真２－１　酸素を必要とする微生物（*Pseudomonas*）。野菜の根面で生息する

を占めると書きましたが、そのなかでも糸状菌が最も多く、生物全体の70～75％を占めます。続いて一般細菌が20～25％です。この2種類の微生物だけで、土壌生物全体の90％以上を占めるのです（写真2－1）。

これらの土壌微生物は−20～85℃という非常に広い温度の範囲で生育し、酸素を必要としないものもいます。

酸度と塩分濃度

先に「酸性の土は作物が育ちにくい」と書きましたが、これには土壌微生物の性質も関係しています。土壌微生物の働きは、土壌の酸度（pH）によって大きく変化するからです。

たとえば、一般細菌や放線菌が増殖に適しているのは、pH5～9で、最適なのは6・5～7・5です。一方、酵母や糸状菌の場合はpH1・5～9で増殖に適し、最適が4～6です。一般的には酸性（7未満）で糸状菌が増殖しやすく、アルカリ性（7超）で細菌が増殖しやすい傾向にあります。植物病原菌の多くは糸状菌ですから、酸性になるにつれ病害が発生しやすくなります。たとえば、根こぶ病の病原菌は糸状菌ですので、酸性土壌では発病しやすく、酸性を改良すると抑制されます。

微生物の種類	炭素源	窒素源	エネルギー源
独立栄養菌			
光合成菌	CO_2（無機C源）	NH_4、NO_3	光
化学合成菌	CO_2（無機C源）	NH_4、NO_3	無機物の酸化
従属栄養菌			
窒素固定菌	有機C源	N_2	有機物の分解
その他	有機C源	有機あるいは無機のN	有機物の分解

表2－1　栄養要求性による分類。有機質肥料を与えると従属栄養菌である窒素固定菌が増殖する

また、塩や砂糖の浸透圧も微生物に影響を与えます。塩や砂糖の濃度が高いと、微生物が繁殖しにくくなります。砂糖漬けのジャムなどの保存食が作られますが、これは砂糖の浸透圧を利用して微生物の繁殖を抑え、腐敗しないようにしているのです。ただし、砂糖濃度が40～50％でも繁殖できる微生物も存在します。

家庭菜園では、砂糖濃度を気にする必要はありませんが、塩分濃度への配慮は必要です。「塩害」という言葉を聞いたことがあると思いますが、塩分が菜園に多すぎると、微生物に影響を与え、それが作物の生育にも及ぶからです。

微生物の塩分に対する耐性はさまざまです。微生物は最適塩分濃度によって、「非好塩菌」、「微好塩菌」（海水細菌を含む）、「中等度好塩菌」、「高度好塩菌」の4群に分けられます。塩分濃度によって、生育できる微生物が異なります。

家庭菜園の土壌微生物は非好塩菌がほとんどです。このた

め、塩を多く含む糞尿を多用すると、塩分濃度が高くなり、分解微生物の繁殖が抑えられ有機物の分解が遅れます。矛盾しますが、さらに塩分濃度が高い状態が継続すると、好塩菌が繁殖するようになり（微生物が遷移する）、再び有機物の分解が良好になります。しかし、塩類は分解されて消滅することはありませんので、塩分濃度が高くなると作物の生育は極端に抑えられます。このため、塩類が家庭菜園に集積してしまったら、水をまくなどして除塩が必要になります。

一般細菌は独立栄養菌と従属栄養菌で分けることもできます。独立栄養菌は無機物を炭素源やエネルギー源として生育します。従属栄養菌は有機物を炭素源やエネルギー源とします。このため、化学肥料（無機物）を施用すると独立栄養菌が増殖し、有機質肥料（有機物）を施用すると従属栄養菌が増殖してきます（表２－１）。

２－２　土作りに役立つ微生物

空気を肥料に変える微生物

大気中の窒素を取り込んで、植物が利用できる有機物に変えられる微生物がいます。それが窒素固定菌です。窒素固定菌によって有機化された窒素は、菌体内に保持され、その菌体が死滅すると分解を経て無機化され、植物が利用できるようになります。窒素固定菌を野菜作りに利用することによって、窒素肥料（化学肥料）の使用を減らすことができます。空気を作物の肥料に変えてしまうわけですから、魔法使いのような微生物といえるかもしれません。一部の窒素固定菌では、有機化された窒素を直接植物体に供給することもできます。

野菜類と共生する窒素固定菌には、根粒菌、組織内共生菌、フランキュア、昆虫腸内共生菌などがあります。代表的なのが、マメ科の根に共生する根粒菌です。根粒菌は、マメ科の細胞と共生器官を作り、空気中の窒素を固定して植物に供給します。一方、植物は炭酸ガスを同化した炭水化物を根粒菌に与えます。このように、マメ科と根粒菌は共存・共栄の関係にあります。

また、フランキュアは、植物の根に菌根を作って共生する微生物で、窒素固定能力のある放線菌に属するものの総称です。フランキュアが共生できる植物は、養分としての窒素が不足した土壌でも生育できるため、荒れ地に最初に根を下ろすことができます。

植物と共生する微生物

土壌微生物のなかには、植物の根に共生しているものもあります。このような微生物を総称し

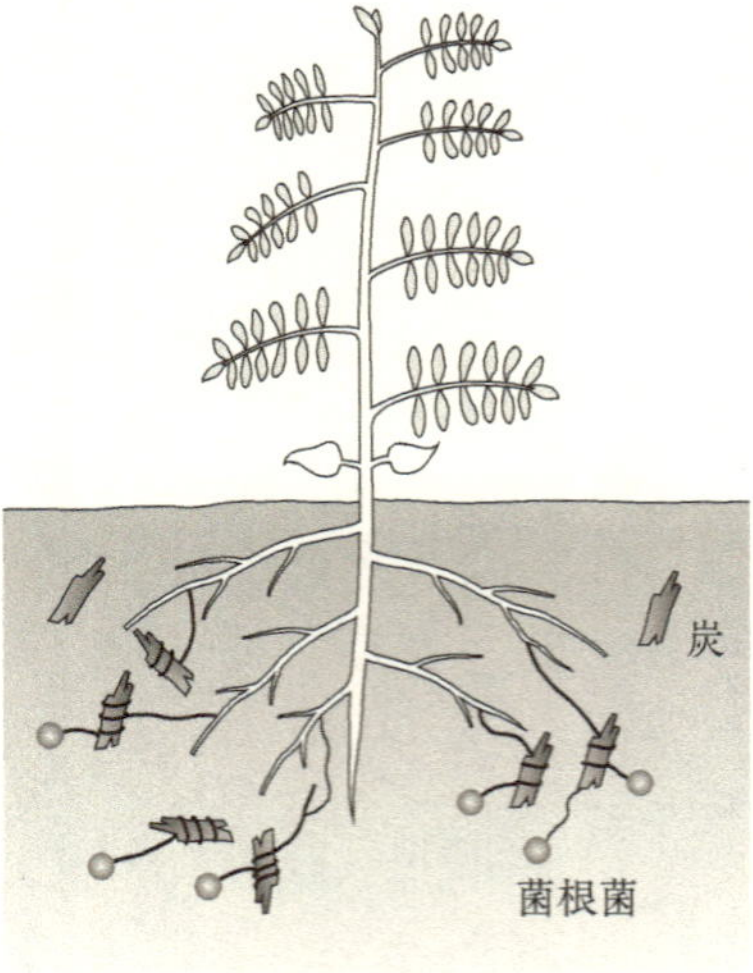

図２－１　野菜と菌根菌。炭などを使うと菌根菌の活性化に役立つ

て「菌根菌」と呼びます。

菌根菌は野菜からエネルギー源として炭水化物の供給を受ける一方、土壌中からリン酸やミネラルを集め野菜に与えます。菌根菌と共生している野菜類はリン酸やミネラルの供給を受けますので、よく育ちます。また、菌根菌の刺激で病害虫に対する抵抗性も誘導されます。このように、菌根菌は作物の生育に重要な役割を果たします。菌根菌を活性化させるためには、炭やくん炭といった資材が使われます（図２－１）。

菌根菌は外生菌根菌と内生菌根菌に分けられます。外生菌根菌は、主に植物の根の表面を菌糸で覆い、植物との養分交換をおこないます。内生菌根菌は、菌糸が根の表面から植物内部に侵入し、菌根を形成します。

内生菌根菌のなかでも、とくにＶＡ菌根菌はほとんどの植物に菌根を形成します。非常に役立つ微生物ですので、知っておくといいでしょう。VA菌根菌と共生する植物を、巻末資料2にまとめました。

土壌病害

家庭菜園で野菜を育てていると、さまざまな作物の病気に悩まされることでしょう。野菜類に発生する病害は、大きく分けて、地上で伝染するもの、種子で伝染するもの、土壌で伝染するものの3つがあります。そのうち、土壌で伝染するものが土壌病害です。根や株元など特定の部位に発病するものもあれば、全身に及ぶ場合もあります。

土の中に根を伸ばして生育する野菜類には、本来、土壌微生物を抑える働き（抗菌作用）が備わっています。このため、多くの土壌微生物は野菜の根圏では繁殖することができません。例外的に共生菌および根圏微生物と土壌病原菌は野菜類の抗菌作用に対して耐性を持っているため、根から排泄される物質を利用して根圏で繁殖することができます（これを親和性と呼びます）。

病原菌は低密度だと、野菜に害を与えません。しかし、病原菌が一定以上の密度に達すると、野菜に侵入し、病害を発生させます。たとえば、連作を継続すると病原菌の密度が高まります。

表2－2は、野菜類に発生すると、大きな被害を与える土壌病害の例です。

野菜名	病　名	主な症状
トマト 	萎ちょう病	導管が閉塞し、萎ちょう枯死する
	半身萎ちょう病	導管の一部が閉塞し、半身が萎ちょうする
ナス 	青枯病	導管が閉塞し、急激に萎ちょう枯死する
	疫病	地際部の茎が腐敗する
キュウリ（ウリ類）	つる割病	導管が閉塞し、萎ちょう枯死する
	つる枯病	茎が黒いブツブツを生じ枯れる
ブロッコリー（アブラナ科）	根こぶ病	根にこぶを生じ、萎ちょうする
	軟腐病	茎が腐敗する
ホウレンソウ	萎ちょう病	導管が閉塞し、萎ちょう枯死する
	立枯病	地際部が腐敗する
レタス 	すそ枯病	地際部が腐敗する
	腐敗病	葉が腐敗する
長ネギ（タマネギ）	黒腐菌核病	鱗茎に黒いブツブツを生じ腐敗する
	白絹病	鱗茎に赤いブツブツを生じ腐敗する
ダイコン 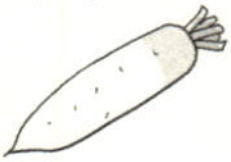	萎黄病	ダイコンの維管束が褐変し、黄化萎ちょうする
	菌核病	ネズミの糞大の菌核を生じ、腐敗する
ジャガイモ	そうか病	イモの表面がザラザラになる
	輪腐病	イモの維管束が輪状に腐敗する
ニンジン	乾腐病	陥没し腐敗する
	しみ腐病	赤褐色のシミを生ずる
サツマイモ	つる割病	導管が閉塞し、萎ちょう枯死する
	黒斑病	イモが黒褐色に陥没腐敗する
イチゴ 	萎黄病	導管が閉塞し、黄化萎ちょうする
	根腐病	根の中心が腐敗し、萎ちょう枯死する

表２－２　主な野菜類の土壌病害

土壌病原菌は野菜類が生育していないときは胞子などの耐久体を形成して長い間土壌中に残存することができます。

コラム2　菌根菌を上手に利用する

菌根菌は根と共栄する微生物の総称で、共生した植物は生育が良くなります。菌根菌は土壌中に植物の根の2倍程度菌糸を伸ばし、リンや鉄などのミネラルを集めて植物に供給します。また、菌根菌は植物と植物を菌糸で繋ぎ、ネットワークを形成して、植物間で過不足する栄養分の受け渡しをします。

菌根菌は植物と共生しますが、反面、他の土壌微生物との競合に弱いという性質があります。そのため、肥料分を多く施用され、他の微生物が活発に活動する土壌では、菌根菌は生存することができません。農地は農作物を栽培するため、自然の土壌より多くの肥料や有機物が施用され高栄養状態となっています。このため、菌根菌にとって農耕地は生息しがたい場所です。

そのため、菌根菌を活性化させるためには、ちょっとした工夫が必要です。まず、自然生態系に近い低栄養の肥培管理とし、化学肥料はできるだけ控え、有機肥料主体の施肥設計とします。また、微生物活性が高い時期に菌根菌の避難場所（シェルター）として、くん炭や木炭を施用します。こうすると、菌根菌は有機物が分解される微生物活性の高い時期には炭の中で休眠します。

さらに、野菜と野菜の菌根菌ネットワークを構築するため、野菜と野菜の仲介役となる畝間の草は抜き取らず、地上部だけを刈り取って根は残します。こうすると、草を通して隣の畝の野菜と菌根菌ネットワークが形成されます。

第3章 土作りの基本

3－1　土の立体構造

3つの立体構造

野菜作りをするとき、土壌はどこまでも深く均一であったほうがいい、と考えがちです。しかし、それは適切ではありません。家庭菜園の土作りをする場合、その土壌は作土層、鋤床層、下層土の3つの立体構造を作るようにします。簡単に説明すると、作土層は作物が栽培される層で、鋤床層は、農機具などを使って緻密にしておく層、下層土は、作物の栽培に直接関係のない層です（図3－1）。

なぜ、こうした立体構造が必要なのでしょうか。一つには労力の問題があります。作土層を20cm作るのと、40cm作るのを比べると、後者では投入する有機物や肥料が2倍量必要になります。また、耕す労力にいたっては4倍以上必要となるでしょう。

また、作土層が深く、根がどこまでも伸長できると、野菜類は根や茎を伸ばすことばかりに栄養を使い、実を結びにくくなります。そうなると、丈は大きいけれど、実は小さい野菜になりが

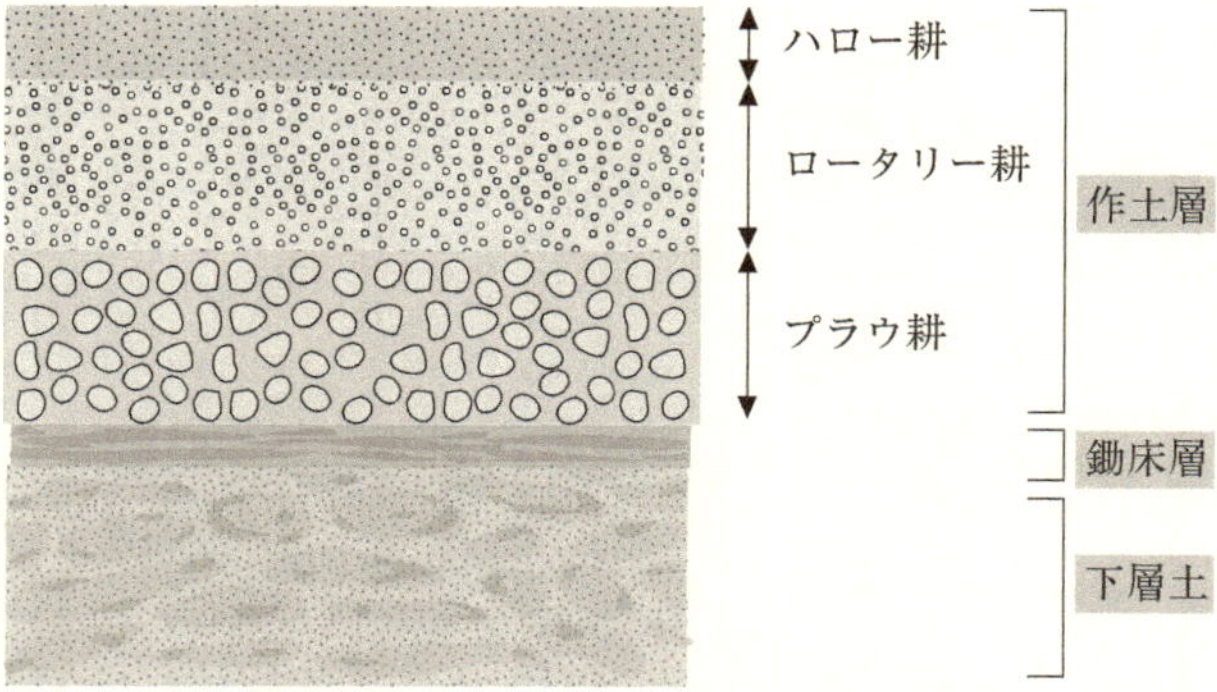

図3－1　土の立体構造。作土層、鋤床層、下層土のうち、作土層を耕す

ちです。こうした理由で、作土層はある程度の深さにとどめ、それより下は緻密な層にしておく必要があるのです。

作土層

作土層は、作物の根が伸びる層で、家庭菜園において通常の土作りをおこなう場所です。耕す深さは場所によって多少異なりますが、一般的には15～20㎝（平均18㎝）までです。作土層では、有機物が豊富に含まれ、微生物も活発に活動します。

鋤床層

鋤や鍬、ロータリーやプラウなどの農機具で固め、緻密にする層です。緻密にすることで、農作物の根はこれより下層にはほとんど伸びません。鋤床層の厚さは、土壌の種類によって異なりますが、3～6㎝です。

鋤床層は、水田では水をためるために不可欠ですが、家庭菜園のような畑ではあまり必要ないと考えられがちです。そのため、鋤床層がない菜園も少なくありません。しかし、鋤床層がない菜園では、降水や散水のとき、肥料成分が地下に流れて失われてしまいます。せっかくまいた肥料が土の奥深くに消えてしまっては、もったいない話です。

このため鋤床層は効率的な土作りや、栄養分の流亡を少なくするために必要です。ただし、発達しすぎると水はけが悪くなり、生育障害の原因となります。水はけが悪くなった場合は、鋤床層まで掘り下げて、鋤床層の一部を破壊して水はけを良くしたり、高畝あるいは明渠を設置したりします。

下層土

下層土は、鋤床層のさらに下にある層です。深い層なので、家庭菜園の作物栄養では直接関係しません。しかし、水はけや水持ち、肥料成分の保持や流亡に大きく影響します。

作土層と下層土が同じ土性の場合は、植物は下層土まで根を伸ばすことがあります。しかし、作土層と下層土が異なった土性で、とくに、水を通さないローム土や粘土である場合は、植物は下層土にまったく根を伸ばすことができません。
プロの農業では、生産性を向上させるため、有機物の深層施用などによる下層土の土壌改良もおこなわれるようになってきました。

耕耘の方法

畑を耕すことを耕耘《こううん》といいます。土壌の立体構造を作るためであり、また、有機物や肥料を土と混ぜ合わせるという目的もあります。

土を耕すと酸素の流入が促進され、野菜の根張りが良くなります。深く耕すほど根は深くまで伸び、上から下まで均等に分布するようになります（図3－2）。

耕耘には、大きく分けて、プラウ耕（鋤）、ロータリー耕（鍬）、ハロー耕（レーキ）の3種類があります（図3－3）。

プラウ耕は土を大きく耕起するのに用い、ロータリー耕は大きく耕した土塊を細かく崩し、ハロー耕は表面をさらに細

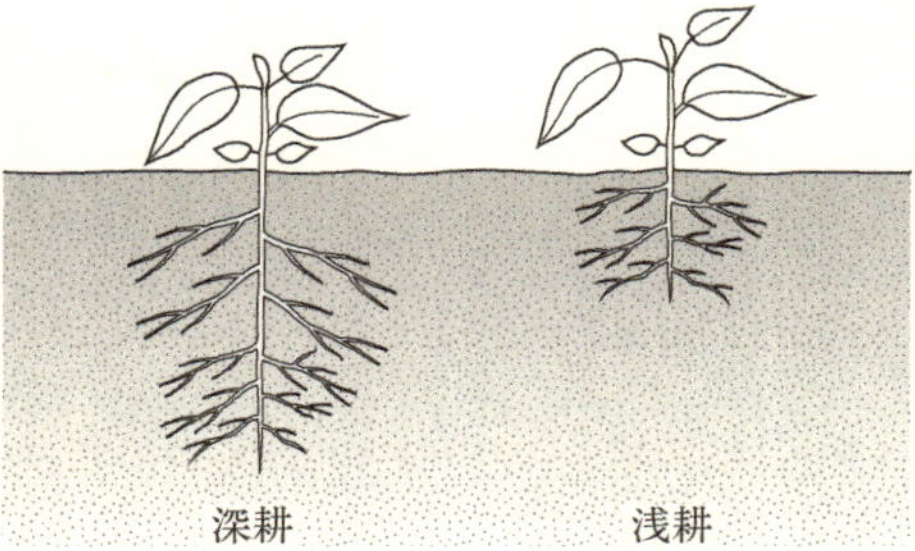

図3－2　深耕と浅耕。深く耕すほど根は深く伸びる

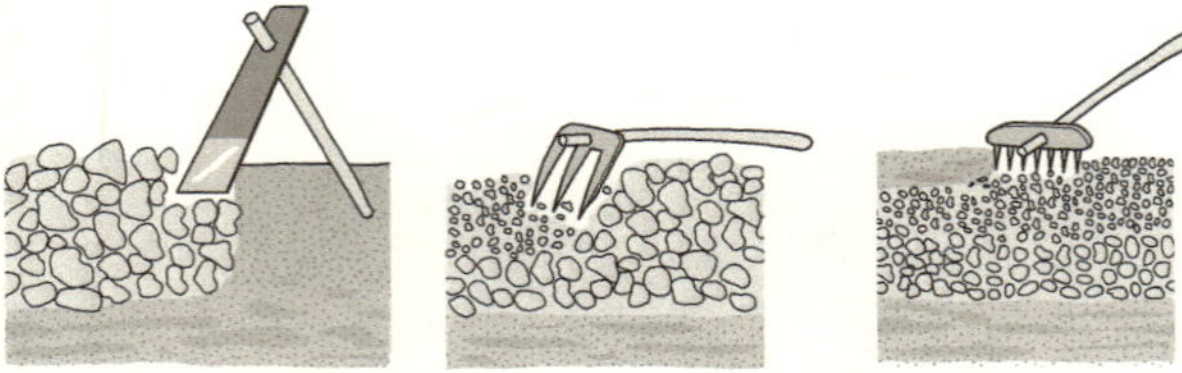

図3－3　耕耘の種類。使いわけて、土の立体構造を作る

かく耕し平らに均します。通常、プラウ耕は15～20㎝、ロータリー耕は5～15㎝、ハロー耕は5㎝を耕します。こうすると、15～20㎝が粒径の大きいゴロゴロ層、5～10㎝が中粒のコロコロ層、0～5㎝が細粒のナメラカ層となり、水持ちと水はけの良い作土層の立体構造ができあがります。ナメラカ層は種子をまくのに適し、コロコロ層は土壌微生物が豊かで野菜の根が土の養分を吸収する場となります。ゴロゴロ層は水持ちと水はけを担い、野菜の吸水に適しています。

畝の立て方

畑で土の盛り上がった部分が畝です。「畝は何のために作るの？」という質問も多いですが、畝には、畑を立体的に用いるため、水はけを良くするため、地温の低い時期に土を温めるため、などの目的があります。また、作土層が薄い場合や根の深い野菜を栽培する場合にも畝が立てられます。

畝の方向や高さは、畑の傾斜や土性、水はけの良し悪しなどによって変えます。傾斜の弱い畑では等高線あるいはその反対でも問題ありませんが、傾斜の強い畑では等高線に沿って畝を立て、両サイドは水が流れ出るようにやや低くします（写真3－1）。

畝の高さは、水はけの悪い土壌では高くします。砂質で乾燥する土壌では低くするか、あるいは畝立てはおこないません。また、畝の方向は太陽光線の受光の関係から南北畝が原則です。とくに光を好む長ネギやトウモロコシはかならず南北畝にします。東西畝にする場合は光要求性が比較的低いショウガやダイズ（エダマメ）などに用います。作物の光要求性については後述します。また、ホウレンソウやダイコンなど根が深く伸びる野菜や、ナスやイチゴなど長期間栽培する野菜は20～30㎝の高畝にして作土層を大きくします。

写真3－1　畝立て。両サイドは水が流れるようにやや低くする

畑をいつ耕すか

畑を耕す季節には、主に秋と春があります。秋耕起は気温が低下する前の晩秋にプラウなどの農機具で粗く（大きな塊）耕します。大きな塊で耕しても、冬期間の寒さのため、土が凍結と融解を繰り返して、塊は細かく砕かれていきます。

春耕起は気温が上昇する早春にロータリーなどの農機具で細かく耕します。有機物を分解する微生物が繁殖して無機化が進み、野菜の生育に必要な栄養分が出てきます。

不耕起という方法もあります。といっても、たんに耕さないのではなく、野菜を栽培しない時期に草を生やして、草の根が伸長と枯死を繰り返すことで畑を耕すのです。草の根による耕起を図るわけです。

畑を耕すのは種まきなどの前が多いですが、作物の生育中にもおこないます。たとえば、野菜の生育途中に、畝と畝の間を耕したり、土の表層を浅く耕耘したりします。これを中耕といいます。また、野菜が倒れないように野菜類の株元に土を寄せることもあります。これを土寄せといいます（写真3－2）。

写真3－2　長ネギの土寄せ。茎の軟白化を促す役目もある

中耕や土寄せは、肥料の効果を高めるためにもおこないます。肥料成分のリン酸を吸収する根は土の浅い部分にありますので、中耕や土寄せをすることでリン酸の吸収を助けるのです。また、酸素が土の中に入りますので、有機物の分解も促進されます。

中耕をおこなうときは、根を傷つけないように気をつけます。

明渠と暗渠

畑の一部に排水溝を見かけることがあります。こうした地上に設けられた排水溝を明渠といいます。明渠は、土の立体構造が降雨によって破壊されないためと、水の流れを良くするためにおこないます。

畑の水はけを良くするために、地下に水路を設けることもあります。これを暗渠といいます。深層暗渠（70㎝）と浅層暗渠（30㎝）があり、2つを組み合わせて用いることが多いです。

明渠と暗渠の作り方を簡単に書いておきます。暗渠はやや技術が必要なので、難しいと思われた方は、参考にとどめてください。

（1）明渠の作り方

明渠は雨水が流れ込む畑や、水はけの悪い畑で作ります。水が流入する畑は、畑の周囲に幅20～30㎝、深さ20㎝の溝を掘り、水尻をやや低くして水が流れやすくします。また、畝間の一部をやや深く掘って、周囲の明渠とつなげます（写真3－3）。

写真３－３　明渠。雨水の流入を防ぐ

（２）暗渠の作り方

水はけの悪い菜園では暗渠を設置します。暗渠の設置は手作業でもできますが、トレンチャーがあれば使用します。深さ70㎝の深層暗渠、30㎝の浅層暗渠を別個に設置する方法と、深層・浅層暗渠を組み合わせる方法がありますが、土壌や栽培する作物に合わせます。

水の流れを考えて、傾斜に沿って設置します。深層暗渠は10ｍ間隔で、幅20～30㎝、深さ70㎝に掘り下げます。ここに土管あるいはコルゲート管を設置し、排水路に接続します。排水口にはストッパーを取り付けて、流れ出す水の量を調整します。管の上にモミガラや葦などを被せて水の通りを良くして土を戻します。

浅層暗渠は水の流れる方向に５ｍ間隔で、幅20～30㎝、深さ30㎝まで掘り下げ、ここにモミガラや乾燥した葦などを10㎝前後入れ、土を戻します。

3-2　家庭菜園の土作り

さて、基本的な知識が揃ったところで、家庭菜園の土作りについて説明していきましょう。
まず、最初に畑の来歴を確認します。家庭菜園に用いる畑は、菜園になる以前の状態が水田、耕作放棄地、直前までプロが使用していた畑などさまざまです。土作りは、畑の来歴に合わせておこなうべきです。

これから家庭菜園をはじめる方は、以前から菜園として利用されてきた畑を引き継ぐ、という方が多いでしょう。こうした畑では過去に有機物や肥料が施用され、土作りがしっかりおこなわれていたと考えられます。そのため、ゼロから土作りをおこなう必要はありません。できれば、前の使用者がおこなっていた土作りと野菜の種類を聞き取り、これを参考にして土作りや野菜の種類を選ぶと容易に栽培することができます。

ホウレンソウで試し作り

また、試し作りとして、ホウレンソウやダイズを栽培するのもいいでしょう。ホウレンソウは酸性に弱く、多肥を好み吸肥力が強いという特徴があります。一方、ダイズは耐酸性が強く、肥沃地では蔓ボケ（葉ばかりで実がならない）し、痩せ地を好むという特徴があります。この性質の異なる2種の野菜の生育状況を観察すると、土壌の肥沃度や土壌酸度などが推定できます。

さらに、土を70㎝掘り下げて、断面を観察すると、これまでの有機物の使用、耕し方、根の深さなどがわかります。これを参考にし、同様の有機物を用いて、同じ作物を植えてみるのもいいでしょう（写真3－4、3－5、3－6）。

初めて野菜を作付けする畑の土作り

初めて野菜を作付けする畑、というのは、耕作放棄地や水田を畑にしたような菜園です。こうした菜園では、土をリセットする必要があります。

たいていの耕作放棄地は雑草が繁茂しています。土は外部からの養分の補給がないため、痩せて、微生物相は単純化しています。耕作放棄地を耕すと、畑にある草や根などの有機物を分解する微生物が一気に繁殖して数は多くなるものの、分解微生物が中心になり、耕す前よりさらに単純化します。

水田だった土地は水持ちを良くするため、耕盤が発達しています。このため、このままの状態

写真3－4
黒ボク土の畑の断面。作土層（上部）と下層土(下部)が明瞭

写真3－5
水田跡の断面。鋤床層（色の薄い部分）が発達している

写真3－6
砂質土壌の畑の断面。深い位置まで土性が一定している

で栽培すると、湿害を受けやすくなります。また、野菜類は耕盤の下に根を伸ばすことができませんので、生育が悪くなります。

順に説明しましょう。

耕作放棄地

農業に不適な農地が耕作放棄地となる場合が多く、日当たりや水はけなどの栽培条件の悪い場合が多々あります。こうした耕作放棄地を菜園にする場合は、日当たり、水はけ、作業道などの立地条件を最初に十分に調査することが大切です。

藪になっていたり雑草が繁茂している畑は草払い機で刈り取り粉砕するか、ハンマーモアなどで刈り取ります。次に、微生物の多様化を促し栄養分を補給するため、やや未熟な堆肥を施用してよく耕します。堆肥の未熟、完熟については後述します。刈り取られたブッシュや大きい雑草は土壌で分解されますが、時間を要します。粉砕した有機物を混和してよく耕し4週間放置します。さらに耕し4週間放置し、有機物の分解を促進して微生物相を安定化させます。

耕作放棄地であっても、管理が行き届き、耕耘されて雑草が少ない畑では、こうした土壌改良はほとんど必要ありません。しかし、何回も耕している畑では有機物の分解が進み、腐植含量が少なくなっていると考えられます。このため、堆肥は地域の平均使用量の倍量を施用して耕し、4週間以上放置して微生物相を安定化させます。あるいは緑肥を栽培して鋤き込み、腐植含量を増加させます。緑肥については後で説明します。

水田跡

水田土壌は耕盤が発達していますので、深耕ロータリー（鍬）やプラウ（鋤）などで深く耕し耕盤を破壊します。さらに、周囲に明渠を掘り、水はけを良くします。また、根が深く伸びる緑肥（セスバニアなど）を栽培して、その根で耕盤に穴を開けさせます。

水田土壌は畑土壌に比べ腐植の含量が少なく、pH値が低い傾向にあります。また、耕盤を破壊すると、ほとんど肥料分を含まない下層土が作土層と混和されます。このため、このまま畑にすると栄養不足などで野菜類がよく育ちません。そこで、カルシウム含量の多い鶏糞と繊維質に富むバーク堆肥（後述）などを施用してよく耕し、4週間以上放置して微生物相を安定化させます。

水稲を栽培しているときは、つねに水を入れていますので、水田は地下水位の高い場所が多くなります。地下水位の高さは野菜の生育に大きな影響を与えます。サトイモやショウガは水分を

水位と生育程度	主な野菜		適する地下水位
高いと良い影響	サトイモ ショウガ キュウリ		20cm 以上
高くても 影響が少ない	ナス ニンニク トウモロコシ		30cm 以上
高いと やや生育低下	ラッカセイ ピーマン カボチャ		30cm 以上
高いと生育低下	シュンギク ジャガイモ カリフラワー		40cm 以上
高いと 著しく生育低下	ホウレンソウ ニンジン スイカ		50cm 以上

表3－1　地下水位の高さが野菜の生育に及ぼす影響

栽培時期	主な緑肥
夏栽培する	クロタラリア、セスバニア、ソルゴー、ヒマワリ、キガラシ
冬栽培する	レンゲ、ヘアリーベッチ、クレムソンクローバー、オオムギ、コムギ、エンバク

表3－2　緑肥の栽培時期

好みますので、地下水位が高くてもよく育ちます。逆に、根を深く伸ばすホウレンソウやスイカは地下水位が高いと、根腐れを生ずるなど著しく生育が悪くなります（表3－1）。

そのため、地下水位が高い場合はサトイモやショウガなど水を好む野菜を栽培するか、高畝にします。

緑肥の利用

初めて野菜を作る畑で、土をリセットするためや土作りには、緑肥を利用します。緑肥とは、畑に生育している植物をそのまま田畑に鋤き込み、土に混ぜて、後から栽培する作物の肥料にすることです。緑肥には収穫残渣を使うこともありますが、雑草を利用することもあります。

緑肥に適した植物には、夏に生育するクロタラリア（写真3－7）、セスバニア、ソルゴー（写真3－8）など、冬に生育するヘアリーベッチ（写真3－9）、レンゲ、ムギ類などがあります。畑を準備する段階や、現在栽培している野菜類と次に栽培を予定している野菜類の間に栽培します。

写真３－７
クロタラリア
の鋤き込み

写真３－８
ソルゴー

写真３－９
ヘアリーベッ
チの鋤き込み

作物の種類	根量（g/m²）
オオムギ	110
コムギ	90
ライムギ	70〜100
トウモロコシ	110
クローバー	200〜300
ナタネ	30〜50

表3－4　緑肥を栽培した土壌中の根量（0〜23cm）

種類	収量
ソルゴー	4〜7
ライムギ	4
レンゲ	2〜3
クロタラリア	4〜5
トウモロコシ	5〜6
ヒエ	6〜7
ライグラス	4

表3－3　青刈り緑肥の種類と収量（t/10アール）

クロタラリアやヘアリーベッチなどのマメ科緑肥は根に根粒菌が共生して空中窒素を固定する働きがあります。窒素分を多く含むため、肥料成分の補給や土作りに用います。ソルゴーやムギ類などイネ科の緑肥は根量が多く、吸肥力が強く、炭素率が高いため、土壌改良や土壌をリセットする場合に用います。

いずれの緑肥も花が咲き結実すると、栄養分が茎葉から実に移動します。このため、開花前あるいは出穂前に刈り取って鋤き込みます（表3－2、3－3、3－4）。

熟畑の土作り

過去にプロの農家が野菜類を栽培していた畑は、何年にもわたり土作りがしっかりおこなわれていた熟畑です。極端な土作りはふさわしくなく、周囲の土作りに準じた方法でおこないます。堆肥は年間に分解される量、1アールあたり東北・北海道では100kg、関東付近では150kg、九州・沖縄では300kgを施用して、過不足のない物質循環とします。

熟畑ではほとんどの野菜を栽培することができます。肥沃な土壌を好むホウレンソウやキャベツなどを栽培し、次作に痩せ地でも育つサツマイモやダイズを無肥料で栽培するのも一つの選択肢です。

コラム3 耕耘は良いことばかりなのか？

耕耘は肥料や有機物を土壌に混和するとともに、土を軟らかくして酸素を供給する効果があります。また、有機物の分解を促進して栄養分を作り出し、地力窒素を有効化させるなど、農作物の生育を良くします。

しかし、耕耘は良いことばかりではありません。土壌微生物に大きな撹乱を生じさせますし、耕耘は有機物の分解を促進しますので、不必要な耕耘は地力を低下させます。さらに、耕耘は土壌表面に微細な層を作ります。耕耘直後に雨が降ると、土壌表面の微細な層が表面張力で集合して不透水層を形成しますので、雨水は地下に浸透することができずに表層を流れます。このため、降雨直前の耕耘は土壌を流亡させる原因になります。

そのため、むやみに耕耘しないことも大切です。耕耘は播種時や、定植前に有機物や元肥を入れて土作りを行う場合など、限られた時期におこないましょう。

家庭菜園は小さな面積がほとんどです。このため、トラクターなどの耕耘機を用いるのは難しく、スコップや鍬で耕す方法が安全で効率的です。機械による耕耘は、短い時間で土壌の均一性は図れるものの、土壌の立体構造や土性などには対応できません。手作業による耕耘は重労働ですが、野菜類別の土壌条件、作土層の厚さや硬さに合わせて耕すことができるメリットがあります。

第4章 肥料と有機物のメカニズム

4-1　根の役割と、土の物質循環

土壌と作物の関係をみるとき、作物の根について理解することはとても大切です。いうまでもありませんが、根は作物と土壌をつなぐ存在だからです。

根の構造

まずは、作物の根の構造を簡単に説明しましょう。作物の茎から根を貫く組織を中心柱と呼びます。中心柱の内部には管が通っていて、養分や水分が運ばれていきます。根で吸収した養水分を地上部に運ぶ管を導管といい、地上部で光合成によって作られた産物を根に運ぶ管を篩管《しかん》といいます（図4-1）。

根の表面は表皮細胞で覆われています。表皮組織は大きく、細胞と細胞の間は比較的大きな隙間があり、ここから酸素を取り入れます。つまり、植物は根で酸素呼吸しているわけです。

根はどんどん伸びていきますが、伸びていく部分を生長点といい、根の先端部にあたります。生長点では細胞分裂が盛んにおこなわれ、中心柱、表皮、根冠へと分化します。したがって、根の先端部は植物にとって重要な場所です。

この生長点は、根冠細胞によって守られていますが、根が伸長するとき、根冠細胞は生きたまま根から脱落し、粘性の高い多糖類のムシゲルという物質が分泌されます。脱落した根冠細胞とムシゲルおよびその周囲は、微生物の重要な生息場所になります。また、根冠よりも上部の表皮細胞も老化して脱落しますが、これも微生物の餌になります。つまり、根の周囲（根圏）は微生

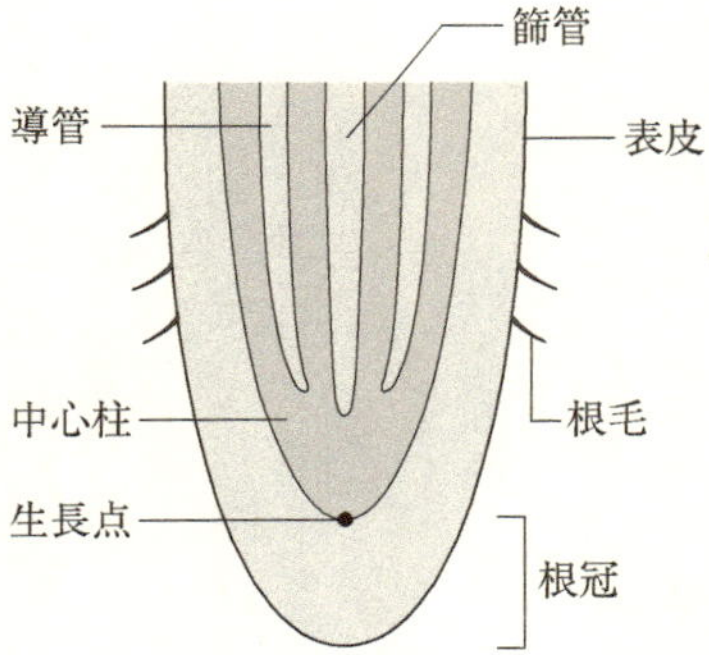

図４－１　根の構造

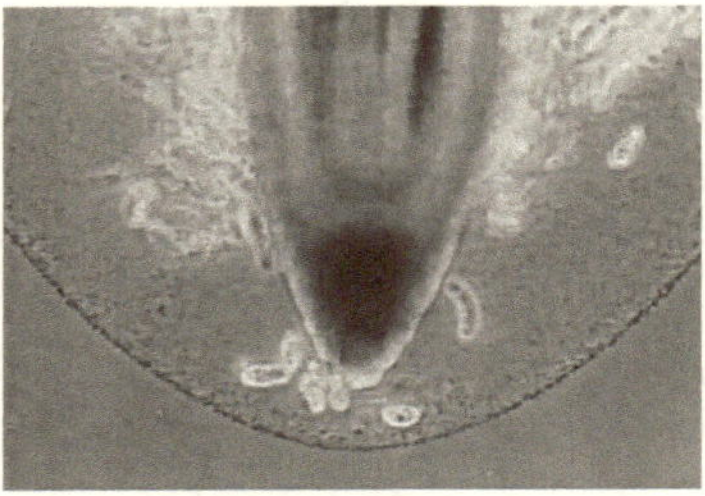

写真４－１　根冠とムシゲル。根圏微生物が繁殖している

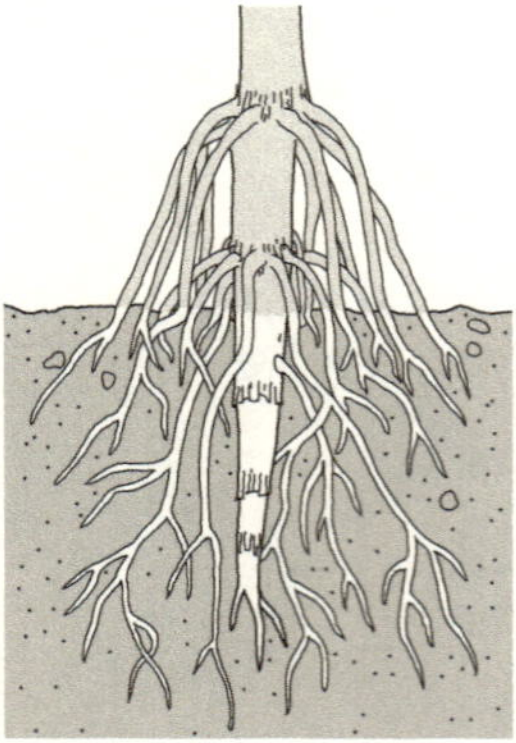

図4－2　トウモロコシの根

物の活動の場としても大切で、根と微生物は共生しています（写真4－1）。

根の種類と役割

根の基本的な役割は、肥料成分や水を吸収することです。これをさらに細かい役割に応じて、呼び分けることもあります。

まず、水分を主に吸収するのが吸水根です。水分を吸収するために、地中深くに伸びていく太い根です。一方、栄養分を主に吸収するのが吸肥根です。吸肥根は、地中の比較的浅いところに広がっている細い毛細根です。

植物体を支える役割を持つのが支持根で、トウモロコシの茎の下部から出ているようなものが代表例です（図4－2）。また、球根ができる植物の場合、球根が地上に出ないように株の外側に引っ張る役割の根もあり、これを牽引根といいます。家庭菜園で栽培する作物ではラッキョウなどに牽引根があります。サツマイモやダイコン、ゴボウなどでは、養分を蓄えるために特殊な形に肥大した根もあり、貯蔵根といいます。根物野菜は貯蔵根が収穫部分になります。

吸肥根が浅い位置にあると書きましたが、すべての養分が浅い位置で吸収されるわけではありません。たとえば、窒素とカリウムは根圏域全体に移動することができます。しかし、リン酸は地上部から3㎝までしか移動できません。これより深い位置であると、リン酸は鉄、マンガン、アルミニウムに固定化されてしまうからです。また、根が吸収する位置も養分によって異なります。窒素は根全体で吸収されますが、リン酸は根毛の先端で、カリウムは根の先端3分の1から吸収されます（図4－3）。

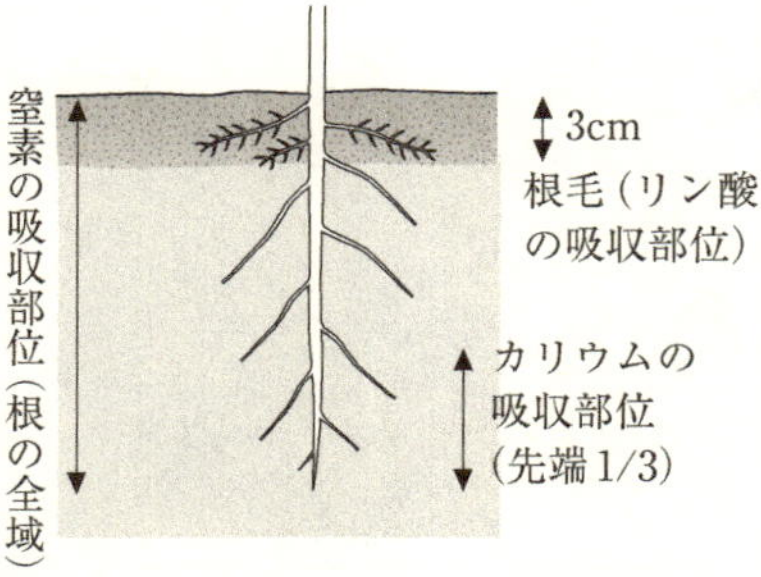

図4－3　栄養分を吸収する根の部位

植物は土から養水分を吸収するばかりでなく、不要になった物質を根から排泄したり、葉から溶脱したりします。おおまかには、果実が1㎏収穫できたとき、茎葉の重さは1㎏、排泄・溶脱された物質が1㎏です。このように、植物が光合成で同化した養分の30％前後が排泄・溶脱されるといわれています。

また、植物から排泄・溶脱される物質には、他感作用のある物質も含まれていますので、これが他の動植物との共栄関係に大きな影響を及ぼします。

土壌混和後の窒素発現	有機物の種類
当初から無機窒素が発現	レンゲの茎葉、クローバーの茎葉、ダイコンの葉、青刈りエンバクの茎葉
比較的速やかに無機窒素が発現	トウモロコシの茎葉、キャベツやハクサイの根株、ラッカセイの茎葉、サトイモの茎
作の後期に無機窒素が発現	ソルゴーの茎葉、ナスの茎葉、イナワラ、ムギワラ、トウモロコシの根株

表4－1　有機物の種類と無機化の時期。無機窒素の発現時期を計算して有機物を鋤き込むタイミングを決める

作物の収穫残渣

作物の収穫部分以外を収穫残渣といいます。果実を収穫するトマト、ナス、キュウリなどは茎葉や根が残り、地上部を収穫するキャベツ、ハクサイ、レタスなどは根が残り、根部を収穫するダイコン、ニンジン、ゴボウなどは地上部が残ります。

こうした収穫残渣は土壌の物質循環に重要な役割を果たします。家庭菜園では、収穫残渣を細かく粉砕し、堆肥や有機肥料といっしょに畑に鋤き込み、土壌微生物によって分解させます。収穫残渣の分解までの期間は種類によって異なりますが、鋤き込んで土壌に混和させた後2～4週間放置します（表4－1）。分解が終わり無機化されると、次に植える作物の肥料になります。これが、前に述べた「緑肥」です。

雑草などの草類も土作りには大きな役目があります。生育

期間中の草はそのままにしておき（草生栽培）、刈り取った草は敷草として利用します。また、土に鋤き込むと、雑草も緑肥として利用できます。

土壌中の窒素と肥料

土壌が肥えているか痩せているかは、通常、土壌中の窒素量で判断されます。土壌中の窒素は、アンモニア態窒素、硝酸態窒素の2つの形で存在します。土壌の有機物が分解されるとまずアンモニア態窒素が生成されます。アンモニア態窒素は、土壌中の硝酸菌の作用で、さらに硝酸態窒素に変換されます。植物には、アンモニア態窒素を吸収するものと、硝酸態窒素を吸収するものと、両方を利用できるものがあります。野菜の多くは硝酸態窒素を好みます。

鶏糞や牛糞などの有機質肥料や、収穫残渣などの土壌有機物が分解されると、まずアンモニア態窒素が生成されます。この状態の有機物を「未熟」といいます。さらに分解されて硝酸態窒素になると、この状態の有機物を「完熟」といいます。完熟した有機物は多くの野菜類が利用できます。

第1章でも述べましたように、土壌中の栄養分は粘土鉱物や腐植などに吸着されるか、あるいは土壌中の液相（水）に溶けています。吸着された栄養分は安定していますが、水に溶けた栄養分は降雨などによって流亡しやすくなっています。

窒素を供給する肥料が窒素肥料で、有機質肥料と無機質肥料があります。無機質肥料の多くは、多くの植物が利用しやすい硝酸態窒素でできた化学肥料です。

化学肥料は無機物であるため、微生物の影響を受けずに直接野菜類に吸収されます。このため、速効性はありますが、使いすぎると野菜類が吸収しすぎてしまい、過繁茂の原因となります。一方、有機質肥料は微生物によって分解され、無機物になってから野菜に吸収されるため、施肥から肥効まで1～2週間を要します。このため、遅効性ではあるものの、肥効は長続きします。また、微生物の働きによって温度が高い時期は早く、低い時期は遅く分解されますので、野菜の成長と連動して過剰吸収は少なくなります。

窒素成分は分解や還元の過程でリグニンと結合して地力窒素となります。農作物には、地力窒素を利用しやすい作物と、利用しにくい作物があります。水稲、草、果樹類は50％、ムギ類、イモ類は40％、野菜類は30％を地力窒素でまかないます。

4-2　肥料や有機物は土をどう変えるか

畑に持ち込まれる物質

家庭菜園は自然状態ではなく、人工的に管理されています。農作業によって、土壌の物質循環や微生物遷移などがおこなわれ、撹乱・安定が繰り返されます。

農作業は、その土壌に含まれていなかった物質を（堆肥や肥料として）添加し、その土地に存在しなかった植物を育てます。このため、未耕作地に農作物を栽培すると、最初は撹乱されます。次に、微生物を介して、農作物と土との関係が構築されて安定します。家庭菜園で農作業をおこなうときは、微生物による撹乱要因を理解しておくことは大切です（表4-2）。

有機物の分解

農作物のエネルギー源は無機物ですから、肥料としては無機物を直接与えるという方法があります。これが無機質肥料（無機肥料）で、いわゆる化学肥料です。一方、有機物を土壌中に与え

攪乱する要因	微生物の変化
耕耘	酸素の供給によって嫌気的微生物から好気的微生物へ
施肥(有機質)	基質の供給によって、従属栄養微生物の増加
施肥(無機質)	基質の供給によって、独立栄養微生物の増加
播種	根圏微生物や病原菌の増加
定植	根圏微生物や病原菌の増加
土寄せ	酸素の供給によって好気的微生物の増殖と有機物の分解
中耕	酸素の供給によって好気的微生物の増殖と有機物の分解
追肥(有機質)	基質の供給によって、従属栄養微生物の増加
追肥(無機質)	基質の供給によって、独立栄養微生物の増加
灌水	水を好む微生物の増加
収穫	根圏微生物の減少と残渣を分解する微生物の増加

表4－2　畑に持ち込まれる物質（要因）が、どう畑の微生物を攪乱するか

るという方法もあり、これが有機質肥料（有機肥料）です。

土壌中に有機質肥料を施用した場合、土壌微生物によって分解され無機物となり、農作物のエネルギー源になります。これが、有機質肥料が農作物の栄養になるメカニズムですが、この分解にはどのくらいの時間がかかるのでしょうか。

土壌微生物による有機物分解は第1次から第3次に分けられます。第1次分解（軟腐敗）では、易分解性のペクチン（収穫残渣など）などが分解されます。第2次分解（褐色腐敗）では、セルロース（イナワラや枯れ草など）

などが分解されます。第3次分解（白色腐敗）では、難分解性のリグニン（オガクズなど）やタンニン（落ち葉など）が分解されます。第1次分解には2～3週間、第2次分解には3週間～3ヵ月、第3次分解には3ヵ月～3年を要します。

家庭菜園では「完熟堆肥」と呼ばれるものを施用することがありますが、これは第2次分解が済んだ有機物で、畑に施用されてから2～3年で完全に分解されます。一部は粘土鉱物と結合して腐植となりますが、ほとんどは水、炭酸ガス、窒素ガス、灰分に分解されます。

第2次分解が済んでいない堆肥は「未熟な堆肥」です。

堆肥の種類

堆肥にはいくつか種類がありますが、よく知られているのは「バーク堆肥」と呼ばれるもので、樹木の皮の部分（バーク）を発酵させて作ります。これに牛糞、豚糞、鶏糞などの厩肥を混ぜたものが「牛糞バーク堆肥」や「鶏糞バーク堆肥」などです。堆肥の種類によって含まれる栄養成分は異なります。

厩肥を加えて作った堆肥の肥料成分は家畜の種類によって異なります。牛の場合は、草が主な餌で反芻胃を持っていますので、餌がよく消化されており、その糞の肥料成分は少ないです。豚

堆肥の種類	水分	窒素	リン酸	カリウム	石灰	酸化マグネシウム
堆肥	75	0.4	0.2	0.4	0.5	0.1
厩肥（牛糞）	66	0.7	0.7	0.7	0.8	0.3
厩肥（豚糞）	53	1.4	2.0	1.1	1.9	0.6
厩肥（鶏糞）	39	1.8	3.2	1.6	6.9	0.8
牛糞バーク堆肥	65	0.6	0.6	0.6	0.6	0.3
豚糞バーク堆肥	56	0.9	1.5	0.8	1.5	0.5
鶏糞バーク堆肥	52	0.9	1.9	1.0	4.3	0.5
バーク堆肥	61	0.5	0.3	0.3	1.1	0.2
モミガラ堆肥	55	0.5	0.6	0.5	0.7	0.1

表４－３　堆肥の種類と肥料成分（％）

は雑食であるため肥料成分が多く、鶏は餌があまり消化されず排泄される量が多いため、肥料成分が多くなります。家畜名で分けると、馬の肥料成分がいちばん少なく、搾乳牛、肉牛、豚、鶏の順に多くなります。

また、微生物によって分解、無機化されるまでの期間も材料によって異なります。セルロース質を多く含むイナワラやムギワラ堆肥は無機化が早く、リグニン質を多く含むバーク堆肥やモミガラ堆肥は無機化されるまでの期間が長くなります。

堆肥にとって重要な指標がC／N比（炭素率）です。炭素（C）と窒素（N）の比率で、たとえば、炭素100g、窒素５gが含まれている場合、この堆肥のC／N比は20ということになります（20倍）。

堆肥は発酵程度によってC／N比が変化します。発酵に適したC／N比は30前後、水分は60％です。発酵が進むにしたがって炭素が消費され、かわりに窒素が増加し、C／N比は低下します。材料に関係なく、完熟するとC／N比は10前後になりますが、堆肥として適するのはC／N比が15前後で、「中熟堆肥」ともいわれます。

堆肥の熟度	炭素	窒素	C/N比
未熟堆肥	33	1.6	20
中熟堆肥	31	1.9	16
完熟堆肥	27	2.5	10
モミガラ			74
オガクズ			242

表4－4　堆肥の発酵とC/N比。熟すほど窒素が増え、C/N比は低くなる

施用対象	未熟有機物	完熟有機物
砂土	◎	◎
埴壌土	○	○
粘土	×	○
単子葉野菜	○	◎
双子葉野菜	△	◎

表4－5　土や野菜の種類と有機物の施用方法。未熟な有機物を施用できる対象は少ない

堆肥を施用する場合は土壌の種類や作付けする野菜の種類によって、熟度（完熟、中熟）や施用量を変えます（表4－3、4－4、4－5）。

菜園の土壌によっても堆肥の施用は変わります。たとえば、砂土は酸素が十分に供給され、有機物は速やかに分解されますので、未熟な有機物を施用することができます。逆に、粘土は酸素がほとんど供給されませんので、有機物の分解はきわめて遅いため、有機物は施用しない

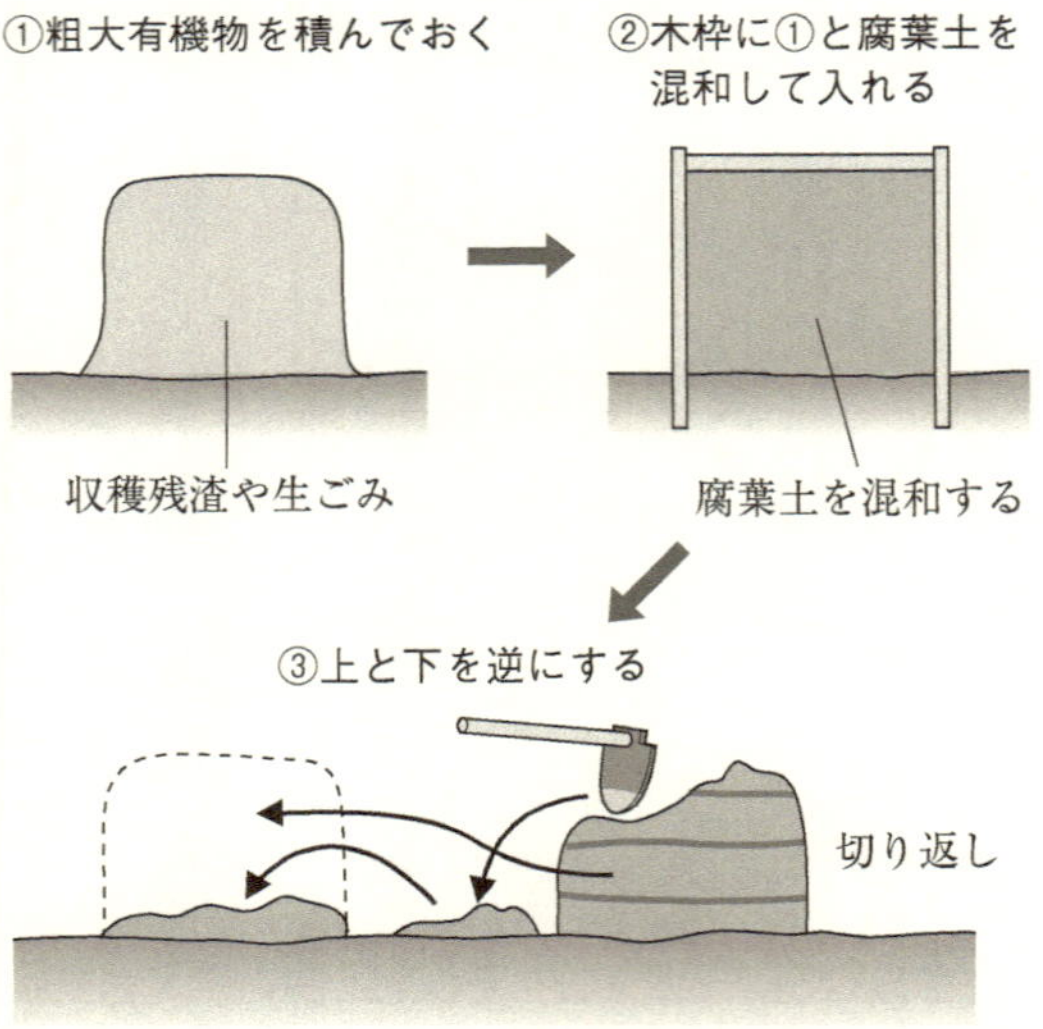
①粗大有機物を積んでおく
②木枠に①と腐葉土を混和して入れる
収穫残渣や生ごみ
腐葉土を混和する
③上と下を逆にする
切り返し
図4－4　堆肥の作り方

か、あるいは、完熟した堆肥を少量施用します。埴壌土は未熟な有機物も完熟した有機物も必要に応じて施用できます。

堆肥の作り方

堆肥は販売もされていますが、せっかく家庭菜園に取り組むのですから、自分で作ってみるといいでしょう。家庭菜園で堆肥を作る場合、最も手軽に確実に作成できる方法が「戻し堆肥法」です（図4－4）。この方法では、できあがった堆肥の半量を次の堆肥の原料として用います。

初めて堆肥作りに挑戦する方はまず、収穫残渣や生ごみなどの粗大有機物を廃棄せず、菜園の隅に積んでおきます（第1次堆積）。次に木材で枠を作り、この中に集めた有機物と購入した腐葉土（落葉堆肥）を半々に混和して、30㎝以上の高さに積み上げます（30㎝以下だと発酵しない場合があります）。

1週間前後で、発酵熱によって有機物の温度は40℃前後に上昇します。酸素が十分あると、3週間前後で70～80℃に上昇し、やがて温度は低下していきます。温度が低下したら、酸素を補給するために堆肥の上と下を逆さにします（切り返し）。切り返すと再び温度が上昇し、また低下しますので、2回目の切り返しをおこないます。その後、3ヵ月程度放置して熟成させてできあがりです。できあがった堆肥は半量を畑に施用し、残りの半量は次の堆肥作りの戻し堆肥として用います。

2回目の堆肥作りは、菜園の隅に積んでおいた収穫残渣や生ごみなどの粗大有機物と残しておいた堆肥（戻し堆肥）をよく混和して、木枠の中に堆積します。後の管理は1回目と同じです。

このとき、発酵初めの1～2週間の中温期間（40℃前後）は中温を好む微生物、2～4週間の中期は高温微生物（70～80℃）、1～3ヵ月の後期（40℃前後）は中温微生物が繁殖します。

堆肥の施用時期

堆肥などの粗大有機物は、土壌での分解がスムーズにおこなわれないと、野菜類に肥料切れ

（窒素飢餓現象）や根腐れなどの障害を発生させます。そこで、施用は野菜を栽培するまでに3週間以上ない時期は避けます。

堆肥を施用するのは、地上部を収穫する根の強いブロッコリーやナスなどの野菜です。ダイコン、ニンジン、ジャガイモなどの根物野菜は、未熟な堆肥が分解するときに産生される有機酸に弱いため、障害を発生させる恐れがあります。そのため、これら根物野菜類を栽培する前には堆肥の施用はおこないません。

春の施用は気温の上昇に伴って分解型の微生物が繁殖し、有機物の無機化が促進され、肥料成分が土の中に出てきます。秋の施用は気温の低下に伴って発酵型の微生物が繁殖し、腐植が増加して地力となります。栄養分の補給あるいは土作り、いずれかの目的によって施用する時期を選びます。

有機質肥料

有機質肥料は、自然素材を原料にした肥料のことです。大きく分けて、動物質肥料（牛糞・鶏糞・骨粉など）と、植物質肥料（堆肥・油滓など）があります。

堆肥と有機質肥料の違いは、堆肥は土作りをするものであって、直接的な肥料成分がほとんど

有機質肥料の種類	窒素	リン酸	カリウム	CaO	MgO	炭素
コメヌカ	3.2	6.7	1.5	0.4	2.4	33.7
ダイズ油滓	7.7	1.7	2.2	0.4	0.5	32.9
綿実油滓	5.7	2.3	1.4	0.3	1.1	32.9
菜種油滓	6.2	2.8	1.4	0.5	0.9	35.7
魚滓	9.8	8.5	0.5	0.1	0.4	35.5
肉滓	10.2	2.5	0.4	3.2	0.1	37.7
肉骨粉	7.2	10.2	0.2	32.1	0.4	30.5
蒸製骨粉	5.3	21.3	0.1	51.4	0.7	21.8
生骨粉	4.9	24.7	0.1	53.9	0.8	10.7
カニガラ	4.2	5.3	0.2	47.3	1.8	14.4
フェザーミール	13.8	0.6	0.1	0.4	0.01	43.1
蹄角	13.7	0.2	0.1	0.6	0.02	35.2
乾血	12.9	0.8	0.6	0.1	0.1	36.8
皮粉	9.7	0.2	0.1	2.7	0.2	34.6
毛粉	7.2	0.3	0.2	0.6	0.1	35.3

表4－6　有機質肥料の種類と肥料成分（%）

含まれていません。投じられた堆肥は土壌微生物に分解され、時間をかけて作物の栄養分になりますが、有効成分の量などははっきりとしません。一方、有機質肥料は、自然の原料を乾燥・粉砕・造粒し、植物が吸収しやすい形態にしたもので、有効成分量がはっきりしています。作物の栄養になるには、分解されて無機化される必要がありますが、堆肥よりは速効性があります。また、化学肥料と違って、化学的に合成した肥料ではありません。

有機質肥料に含まれる肥料成分は表4－6に示しました。種類によって異なりますが、植物質由来のコメヌカや油滓に比べ、動物質由来の魚滓や肉滓のほうが、肥料成分は多くなります。また、分解されて無機化されるまでの期間も、植物質に比べて動物質が短くなります。

有機質肥料を施用するときは、必要な肥料成分によって種類を変えます。窒素成分が必要なときはダイズ油滓、魚滓、肉滓、肉骨粉、フェザーミール、蹄角、乾血、皮粉、毛粉を用い、リン酸成分が必要なときはコメヌカ、魚滓、肉骨粉、蒸製骨粉、生骨粉を用います。

有機質肥料はそのまま（生）施用する場合と発酵（ボカシ肥）させてから施用する場合があります。発酵した有機物には無機化された栄養分と分解途中の有機物、未分解の有機物、微生物が含まれており、生の有機物より肥効が早く現れます。また、分解途中のアミノ酸や有機酸が野菜の生育を促進する効果があります。そのため、速効性を求めるなら発酵させたボカシ肥を用います。

肥料成分の多いボカシ肥

材料名	割合（%）
油滓	40
コメヌカ	30
蒸製骨粉	10
赤土	10
モミガラ	10

肥料成分の少ないボカシ肥

材料名	割合（%）
赤土	50
コメヌカ	20
油滓	10
魚滓	10
蒸製骨粉	10

表4－7　スタンダードな発酵有機質肥料（ボカシ肥）

スタンダードなボカシ肥料の成分割合は、肥料成分の多いボカシ肥が、「油滓40、コメヌカ30、蒸製骨粉10、赤土10、モミガラ10」です。肥料成分の少ないボカシ肥が、「赤土50、コメヌカ20、油滓10、魚滓10、蒸製骨粉10」です。これらは、重量比で全体を100とした場合の混合比です（表4－7）。

ボカシ肥料の作り方を簡単に書いておきます。材料を混ぜて握って崩れない程度に水を加えます。次に、これを30～50㎝で堆積させ、ムシロなどで覆います。3～5日で発酵し始めますので、7～10日後に堆積された上下を混合します（切り返し）。このとき手で握れないほど水分が不足していたら水を足します。3～4回切り返せばできあがりです。

木炭、石灰、腐葉土の効果

木炭が土壌改良材として畑で施用されていることはよく知られています。そのほか、石灰や腐葉土などを家庭菜園に施用する人もいます。こうした資材は、畑にどのような効果をもたらすのでしょうか。

まず、木炭は木材などが炭化したものです。燃えやすい部分が燃え、燃えにくい部分が残り、灰分以外の栄養分を含まず、多孔質になっています。石灰分が残りますのでアルカリ性です。

木炭は有機体の栄養分をほとんど含みませんので、一般的な微生物の餌や野菜の栄養分にはなりません。しかし、木炭は微細な孔隙が数多くあるので、菌根菌や窒素固定菌に格好の棲み場所になります。これらは土壌中の有機栄養分をほとんど必要とせず、他の土壌微生物との競合に弱いため、木炭の孔隙が生息場所として適しているのです。このため、菜園に炭が施用されると、菌根菌や窒素固定菌が繁殖しやすくなります。

木炭はアルカリ性なので、酸性の土をアルカリ性に傾けるためにも利用されます。それよりもアルカリ性が強いのが石灰です。酸性土壌の多い日本では、石灰は土壌酸度の矯正によく使われます。石灰は殺菌効果も強いという特徴があります。

木炭や石灰を実際に菜園に施用すると、微生物の棲みか、餌（基質）、pHによって土壌の微生物相が一時的に攪乱されます。木炭では土壌微生物に大きな攪乱は生じませんが、石灰はアルカリ性が強いためB／F値（細菌と糸状菌の率）に影響を与えます。そのため、施用には注意が必要です。

腐葉土は落ち葉に含まれるタンパク質やセルロースが分解され、難分解性のリグニンが残っている状態です。そのため、菜園に施用しても、微生物の餌はほとんど残っていませんので、土壌微生物の大きな攪乱は生じません。したがって、野菜にとってはいつでも施用できる最も良質な有機物といえます。

化学肥料

化学肥料は化学的に合成した肥料です。「窒素肥料」「リン酸肥料」「カリ肥料（カリウム）」の3種類が主な化学肥料です。これらの要素を1つしか含まない肥料を「単肥」と呼び、複数の要素を含む肥料を「複合肥料」といいます。また、複数の要素を化学的に結合させた肥料を「化成肥料」と呼びます。たとえば、8－8－6という化成肥料なら、窒素分8％、リン酸分8％、カリ分6％を含んでいます。成分の合計が30％未満を普通化成、30％以上を高度化成といいます。

高度化成は成分含有量が多いので、使用しすぎないように気をつけます。

化学肥料は無機物ですので、無機物を栄養とする植物に施用されると、気温などの影響をあまり受けずに速やかに吸収します。有機質肥料は、気温や地温が低いと分解が進まず肥効が現れにくいのですが、化学肥料はそうした時期でも効果を発揮し、植物は栄養素を吸収することができます。

このことが化学肥料の有効性や障害に大きく関係します。農作物の生育温度以下でも肥料成分を吸収できますので、前進栽培（早期栽培）が可能となります。一方、場合によっては、植物が

施用時期	化学肥料の種類	有機質肥料の種類
元肥	高度化成、単肥	油滓、コメヌカ、骨粉（分解が緩やか）
追肥	普通化成、単肥	鶏糞、魚滓、草木灰（分解が速い）

表4－8　有機質肥料と化学肥料の使い方

必要としない肥料成分も吸収されてしまうため、生育しすぎたり肥料の過剰障害が現れたりすることがあります。

化学肥料が生産性の向上に寄与したことは述べるまでもありません。一方で、生産性の向上だけを追求した過剰な化学肥料の施用は、生態系を撹乱するとともに、農作物の耐病性や耐虫性を弱め、病害虫の発生原因にもなります。また、未同化の窒素成分は品質を低下させます。このため、化学肥料はとくに適正な施肥が必要になります。もちろん、有機質肥料でも適正な施肥は大切です。

有機質肥料は緩効性であるため元肥として施用し、化学肥料は速効性がありますので、有機質肥料の肥効が現れるまでの生育初期の肥料および追肥として用います。併用する場合は効き方や持続性を考えて組み合わせます（表4－8）。元肥と追肥については後で述べます。

農薬

農薬は、農業で使用される薬剤の総称で、主に殺菌剤、防黴剤、殺虫剤、除草剤、植物生長調整剤などがあります。病害虫の被害を予防するために、農業では大量に使用されていますし、家庭菜園でも使用されることがあります。

ただ、農薬、とくに殺菌剤は葉面微生物、根圏微生物に大きな攪乱を起こします。

葉には不要になった成分やあまった栄養分を溶脱するための器官があります。その周囲には葉面微生物が生息しており、溶脱された物質を分解して葉面を清浄に保ちます。葉面微生物は降雨後繁殖し、晴天時は休眠します。

ところが、殺菌剤が散布されると、病原菌とともに葉面微生物の多くが死滅します。このため、溶脱した物質が葉面に残り集積し、葉面は汚くなります。やがて、殺菌剤の薬効がなくなると、いっせいに微生物が繁殖するため大きな攪乱が生じ、時として病原菌が農薬散布前より増加することがあります（ブーメラン現象）。

家庭菜園においての農薬使用を否定はしませんが、生物の多様性を維持するためにも必要最小限にとどめるべきだと思います。

種子と苗

種子や苗は畑に存在しなかった生物ですので、畑に持ち込まれると、土壌微生物の大きな攪乱要因になります。また、ポット育苗した苗には土も含まれていますが、畑の土と違って栄養分に富んでいます。さらに、種苗には農薬や肥料が混和されている場合があり、これも土壌微生物の大きな撹乱要因になります。

写真4－2　ピーマンの敷きワラ。雨水が浸透するように薄く敷く

敷きワラ・敷き草

敷きワラ（写真4－2）や敷き草などを「敷き料」と総称します。イナワラ、ムギワラ、枯れ草、チップ、バークなどが敷き料として畑に持ち込まれます。土壌微生物によって分解され無機化されます。これらも畑の土を変える要因になります。

敷きワラ・敷き草は作物の根を過乾・過湿から守り、病害虫に感染しにくくします。また、地表を覆うことで雑草の発生も抑制します。とくに根の浅いキュウリや長ネギ、乾燥を嫌うショウガやコンニャクなどには有効な方法です。無農薬・無化学肥料栽培や小規模な生産農家では多くの野菜類に利用されます。

敷き料に用いるワラ、草、落ち葉などは、水や空気の通過を良くするため、生や発酵したものでなく、乾燥したものを用います。土壌表面がやや見える程度に薄く敷きます。厚く敷くと、土壌表面と敷き料の間が養水分の良好な状態になるため、作物はここに根を伸ばしてしまいます。しかし、土壌表面は土の中でないため、温度や水分などの環境変化を受け、根は障害を受けやすくなります。また、敷き料が厚いと、散水や降水が藁屋根のようにはじかれて通過できず、土壌が乾燥してしまいます。

落ち葉床

落ち葉は良質な有機物で、敷き料や堆肥の材料として、伝統的な農業では盛んに利用されてきました。この落ち葉のもう一つの利用方法として、落ち葉床があります。根を深く伸ばすナスやオクラなどの果菜類や、コマツナやホウレンソウなどの葉菜類に用います。

野菜類を植え付ける畝に沿って、トレンチャーやスコップなどで、幅30～60㎝、深さ50～70㎝に掘り下げます。次に、底から落ち葉やカヤを踏みしめながら、地表まで20㎝の位置まで積み込みます。掘り上げた土を戻して畝を立てます。

水や空気を通過させるため、かならず乾燥した落ち葉やカヤを用います。もし、湿った落ち葉やカヤを使うと、固まってしまい、水や空気を通しませんので、根腐れの原因になります。一度作った落ち葉床では、３～５年間無肥料で栽培できます。

水

家庭菜園には、灌水や降雨によって水が供給されます。この水の中にも栄養分が含まれることを忘れてはなりません。

場所によって異なりますが、１０００ｔの河川水にはおおむねカルシウムが８・８kg、マグネシウムが１・９kg、カリウムが１・２kg、ケイ酸が19kg含まれます。水田で大量に水を使う場合は水に含まれる栄養分の寄与率が高まります。家庭菜園では水田とは違いますから、あまり気にしすぎる必要はありませんが、水かけといえど単に水分だけを補給しているのではなく、栄養分の補給にもなっていることを忘れないでください。

４－３　養分の変化と作物の栄養吸収

土壌に持ち込まれた養分は、時間とともに変化していきます。また、作物によって栄養が吸収されていきます。ここでは、土壌の養分の変化と、作物による栄養吸収についてまとめてみます。

有機物の変化

堆肥や有機質肥料には無機物として含まれる栄養分は少なく、ほとんどは植物が利用できない大きな有機物の分子として存在します。これらは微生物によって分解されてから植物が利用します。一方、植物や微生物の細胞の中にはタンパク質や核酸などの形で窒素が存在しています。植物や微生物が死滅して内容物が土壌中に拡散されると、アミノ酸などの小さな分子はそのまま植物の根から吸収されます。しかし、タンパク質や核酸は大きな分子であるため、そのままでは植物の根は吸収することができません。これも、土壌中にある酵素や、微生物が産生する酵素によって分解されてから吸収されます。

また、植物の茎葉にはその植物を分解する葉面細菌や糸状菌がすでに棲みついています（*Achromobacter*、*Flavobacterium*、*Pseudomonas*、*Aureobasidium*、*Enterobacter*など）。

そのため、収穫残渣は何もしなくても土壌微生物によって分解されていきます。最初にアミノ酸などが分解され、次にセルロースやヘミセルロースが分解され、最後にタンニンやリグニンが分解されます。

このように、有機物と一言でいっても、分解される過程は異なるのです。

堆肥や有機質肥料の上手な施用方法

堆肥や有機質肥料といった有機物を、作物の養分として上手に吸収させるにはどうしたらいいのでしょうか。実際の施用方法を例にあげながら説明していきましょう。

まず、作物の種まき前、あるいは苗の移植の前に菜園に施用する肥料を「元肥」といいます。元肥は、有機質肥料を深さ10～15㎝の位置に層状あるいは土壌全体に混和して施用します。こうすると、分解が遅れ肥効が長続きします。種まき後、あるいは苗の移植後に菜園に施用する肥料を「追肥」といいます。追肥は、土壌表面に塊あるいはすじ状で施用します。こうすると、分解が速く肥効が早く現れます。簡単にいうと、元肥は土壌全体あるいは深く、追肥は土壌表面に施用することがコツです。

もう少し詳しく説明すると、元肥は、鋤で粗く、深く（15～18㎝）耕したら、野菜を植える位置（畝の位置）に穴を掘り、有機質肥料を層状に施用します。そして、土を戻して有機質肥料が混ざらないように、10㎝前後を細かく耕します。あるいは鋤で耕した後、土壌表面に有機質肥料を散布し、10㎝前後を細かく耕し、有機質肥料を土壌全体によく混ぜ合わせます。

次は追肥です。葉色が落ちないよう、野菜の生育に合わせて適宜追肥します。早く効かせるため、穴を掘り根の位置に深く追肥する人がいますが、これは間違いです。追肥はかならず土壌表面に施用します。野菜の株元や通路などにすじ状あるいは塊として施用します。土壌表面全体に散布するよりも、塊やすじ状に散布すると肥効が早く現れます（図４－５）。

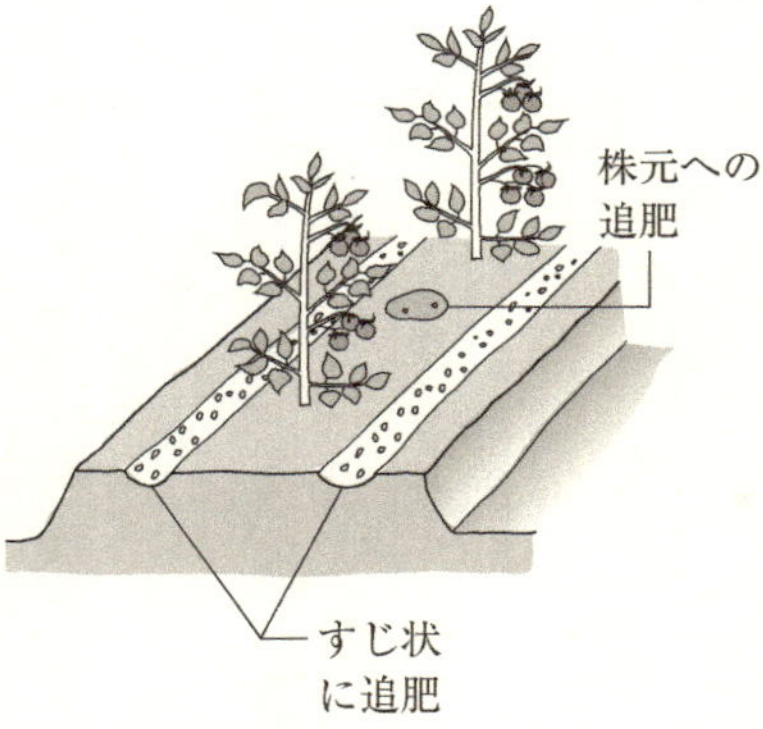

図４－５　追肥の方法

また、有機質肥料は雨が降る前や降った直後に施用すると、有機物に水分が補給されますので、分解が速やかにおこなわれます。晴天が続く場合には、施用後に水をまくか、あるいは有機質肥料の上に軽く土をかけ、有機質肥料を濡らして、微生物の働きを助けます。

微生物は土壌に酸素が多い場合や有機物（餌）が多いと活発に繁殖します。逆に土壌に酸素が少なく、有機物が少ないとあまり活動しません。したがって、有機質肥料を長く効かせるには、酸素の少ない深い位置や、微生物が働きにくくなるよう土壌全体に混ぜ合わせます。逆に、有機質肥料を早く効かせるには、酸素の多い土壌表

主な野菜名		窒素	リン酸	カリウム
葉物	ブロッコリー、ハクサイ、キャベツ	25	25	20
葉物	長ネギ、ホウレンソウ、レタス	20	15	15
実物	トマト、ナス	25	30	25
実物	キュウリ、ピーマン	25	25	20
根物	ダイコン、ジャガイモ、ニンジン	10	20	10
豆類	ダイズ、エンドウ	5	10	15

表4－9　野菜別の施肥量の目安（g/m^2）

面に、塊で施用し、微生物の働きを活発にします。

まとめると、有機質肥料は「深い位置に層状∧土壌全体に混和∧土壌表面に散布∧土壌表面に塊」の順に分解が速くなります。野菜の種類と生育期間に合わせて施用すると、おいしい野菜が収穫できます。

化学肥料の上手な施用方法

化学肥料は無機物のため、根に到達すると速やかに吸収されます。

化学肥料は水に溶けやすいので肥効は速くなりますが、反面、降雨などによって流亡しやすい欠点もあります。元肥として施用する場合は耕耘による立体構造の中間部、すなわち、深さ5～15㎝の土壌全体によく混和します。そして施用後1週間前後、土となじませます。これは、肥料成分が流亡しないように粘土鉱物に吸着させるためです。

養分保持力（CEC）の低い畑の場合は、肥料成分がゆっくりと溶け出すコーティング肥料が販売されていますので、これを元肥に用います。

化学肥料は速効性ですので、追肥に用いるにはきわめて有効です。土壌表面に散布しますが、根に到達しやすくするため、散布後、有機質肥料とは逆に、表面の土とよく混和します。あるいは降雨の直前に散布して、雨水で溶かして根に早く届くようにします。

主な野菜の施肥量を表4‐9に示しますので、これを参考に肥料設計を立ててください。

4‐4　ホームセンターで販売されている土

基本用土と土壌改良材

ホームセンターではさまざまな「土」が販売されています。播種用土、育苗用土、菜園用の土、鶏糞堆肥、豚糞堆肥、牛糞堆肥、馬糞堆肥、モミガラ堆肥、腐葉土（落葉堆肥）、バーク堆肥、混合堆肥などです。これらの原材料や製造方法などはさまざまですが、買うほうとしては悩むという声をよく聞きます。

種別	用いられる原材料
無機物	ローム土（赤玉土）、鹿沼土、畑の土（火山灰土、非火山灰土）、砂、軽石、くん炭、イソライト、バーミキュライト、パーライト
有機物	鶏糞、豚糞、牛糞、馬糞などの動物糞尿、食品汚泥、食品残渣、イナワラ、ムギワラ、オガクズ、モミガラ、バーク、ヤシガラ、竹粉、バカス、コーンコブ、落ち葉、枯れ草、コメヌカ、廃糖蜜、カニガラ、ピートモス

表4－10　用土や堆肥として用いられる原材料

これらのうち、基本用土といわれるのが、ローム土（赤玉土）、鹿沼土、火山灰土（黒土）などです。また、基本用土を補うために使うのが土壌改良材（改良用土）で、砂、軽石、くん炭、イソライト、バーミキュライト、パーライトなどの無機物と、腐葉土（落葉堆肥）、堆肥、モミガラ、ピートモス、カニガラ、廃菌床、ヤシガラ、バカスなどの有機物があります。

ホームセンターなどでは、こうした原材料を混合して「菜園用土」「園芸用土」「培養土」などとして、主にコンテナ栽培用に販売しています。販売されている用土には適用植物名が書かれていますので、確認して利用してください（表4－10）。野菜用の培養土の一例をあげると、黒土、腐葉土、バーミキュライト、堆肥、ゼオライトなどが原料となっています。

播種と育苗用土

種まきのための土が「播種用土」、苗を育てるための土が「育苗用土」です。種類によって若干異なりますが、植物の種子には、発芽から本葉０・５～３枚まで生育できる栄養分が含まれています。このため、播種用土は肥料分を含まないか、あるいは肥料分が少ないローム土やピートモスを主体にした土を選びます。

ポットに鉢上げしてからは、養分を盛んに吸収します。このため、育苗用土は肥料分を蓄える力の強い（ＣＥＣが高い）バーミキュライトや腐葉土が混入された育苗用土を選びます。

コラム４　有機質肥料なら大量施用しても大丈夫？

有機質肥料は微生物によって分解されて、初めて野菜類の栄養分になります。微生物活性は温度に大きく影響されるため、低温期は増殖が遅く、高温期は増殖が速くなります。このため、有機質肥料の肥効は微生物の増殖速度に連動します。

低温期に有機質肥料を用いて肥効を出すためには大量の有機質肥料を施用する必要があります。過剰に施用された有機質肥料の多くは低温期には分解されず土の中に残ります。やがて温度の上昇に伴って急激に分解が進み、過剰な栄養分として現れ、野菜類に過剰障害を発生させます。化学肥料は水に溶けやすいので、過剰施用は灌水などで流亡させることは可能ですが、有機質肥料は水に溶けませんので取り除くことは不可能です。このため、低温期の元肥は堆肥と少量の有機質肥料、即効性がある化学肥料を用い、追肥で肥効を調整します。

追肥は収穫まで生育期間の短い野菜や低栄養を好む野菜では必要ありません。高栄養を好み長期間収穫するナスやピーマンなどの果菜類にとっては、元肥の栄養分だけでは不足しますので追肥します。通常、葉色をみながら、淡くなったら追肥しますが、実際は、葉色が淡くなってからの追肥はやや遅くなります。展葉や芽の伸長が悪くなり、次に葉色が淡くなりますので、葉や芽の伸長の様子で追肥時期を決めます。

第5章 野菜類にとって「良い土」と「環境」とは

個々の野菜にとって、「良い土」は同じではありません。同様に、「良い環境」も同じではありません。ここでは、さまざまな野菜にとって「良い土」「良い環境」とは何かを考えてみましょう。

5-1　栄養からみた「良い土」

痩せ地を好むか、肥沃を好むか

一口に野菜といっても、どんな土を好むかは、種類によって異なります。痩せ地を好む野菜もあれば、肥沃地を好む野菜もあります。こうした性質は、原産地の土壌条件の違いに由来します。

たとえば、サツマイモやダイズ、インゲンなどのマメ科は痩せ地でもよく育ちます。こうした痩せ地でも生育できる植物には、空気中の窒素を固定して利用できる微生物（窒素固定菌）が共生しています。マメ科には根粒菌、サツマイモやイチゴにはハーバースピリラム、サトウキビにはアゾスピリラムなどです。空中窒素固定菌は土壌中に窒素成分が十分あると働かず、少ないと

	収量（kg）			養分吸収量（mg）		
	'95年	'96年	'97年	窒素	リン酸	カリウム
窒素無施用区	4.98	5.58	4.65	11.1	5.5	16.6
窒素施用区	6.01	6.35	4.86	12.1	6.1	16.7

表5－1　窒素肥料の有無によるイチゴの収量と養分吸収量。3年目で両者の差はほぼなくなった

活性化します。

イチゴに窒素肥料を与えた場合と与えなかった場合の実験では、1～2年目は窒素肥料を与えた場合で収量が多くなりましたが、3年目では収量に差はありませんでした。イチゴは痩せ地でもよく育ちますが、この試験は、無窒素栽培を続けると窒素固定菌が繁殖してくることを示します（表5－1）。イチゴにとって「良い土」へと変化していくのです。

一方、肥沃な土を好む作物としては、ホウレンソウやコマツナのような葉物野菜、ナス、ピーマンのような長期間未熟な野菜を収穫する実物野菜、トウモロコシなどの光要求性の高い野菜があげられます。これらは、吸肥力が強いので肥沃な土が「良い土」ということになります（表5－2）。

こうした葉物野菜や実物野菜は、収穫物として畑の土から持ち出す栄養分が多くなります。このため、栄養分に富んだ有機質を用い、土作りを十分におこなう必要があります。

痩せ地でもなく、肥沃でもない中庸を好む作物もあります。ダイコン、

肥沃度	好む野菜類	好む雑草
痩せ地	サツマイモ、ダイズ、アズキ、インゲン	メヒシバ、ナズナ
肥沃土	ホウレンソウ、キャベツ、コマツナ、ナス、ピーマン、トウモロコシ	ハコベ、ホトケノザ

表5－2　肥沃を好む野菜・雑草と好まない野菜・雑草がある

ニンジン、ジャガイモ、ゴボウなどの根物野菜類や、開花結実させ熟した果実を収穫するメロンやスイカなどの果菜類です。これらは、比較的地力の低い土でも生育することができます。

こうした根物野菜や完熟した果実を収穫する野菜は、収穫物が炭水化物中心のため、畑の土から持ち出す栄養分はほとんどありません。地力を低下させることは少ないので、栽培する際には、有機物や有機質肥料の施用は少なめにします。

単子葉野菜と双子葉野菜

単子葉野菜と双子葉野菜では好んで吸収する肥料成分が異なります。

単子葉野菜の代表は、長ネギ、タマネギなどです。これらはアンモニア態の窒素を好みますので、やや未熟な有機物を施用します。双子葉野菜には、キュウリ、メロンなどがあげられます。これらの双子葉野菜類は硝酸態の窒素を好みますので、完熟した有機物を施用します。とくに、ウリ類のキュウリやメロンはアンモニア態窒素を施用すると除草剤を散布したような障害を

窒素の吸収形態	主な野菜
アンモニア態窒素を吸収	長ネギ、タマネギ、ニラ、アスパラガス
硝酸態窒素を吸収	キュウリ、メロン、ハクサイ、オクラ

表5－3　窒素成分の吸肥と野菜の種類。窒素の吸収形態によって施用する肥料を変える

発生しますので、アンモニア態窒素肥料を用いてはいけません。

なぜこのようなことが起こるのかというと、単子葉野菜はアンモニアを硝酸に変換する酵素を持っていますが、双子葉野菜のウリ類にはこの酵素がないからです。したがって、メロンやキュウリなどにはかならず完熟した堆肥や発酵した有機質肥料、あるいは硝酸態窒素の化学肥料を施用します（表5－3）。

5－2　水分からみた「良い土」

乾燥した土を好むか、水分の多い土を好むか

野菜が好む水分量も、種類によって異なります。水分が少ない乾燥した土壌を好む野菜と、水分が多く湿潤な土壌を好む野菜があり、それぞれ、適した水分条件で栽培すると旺盛に生育します。したがって、その野菜にとって適度な水分条件がどの程度なのかを、知っておく必要があります。

写真5－1　乾燥した地域で栽培されるサツマイモ

菜園の土性を保水性で順位付けすると、砂土、砂壌土、壌土、埴壌土、埴土の順に高くなります。砂土の保水性が最も低く（水はけが良く）、埴土の保水性が最も高く（水はけが悪く）なります。

乾燥した土壌を好む野菜としては、サツマイモ、ラッカセイ、メロン、スイカなどがあります。これらは、乾燥した地域が原産地のため、砂地や砂壌土でよく生育します。坂出金時や鳴門金時などのサツマイモの産地は砂地ですし、渥美半島や新潟のスイカの産地も砂地です（写真5－1）。

もし、サツマイモやメロンを水持ちの良い土（埴壌土など）に栽培するのなら、高畝にして水はけを良くし、水分吸収を制御する必要があります。

水分の多い土壌を好む野菜としては、サトイモやショウガなどがあります。これらは熱帯の樹林が原産地であるため、湿った日陰を好みます。サトイモの仲間には田芋（水芋ともいう）がありますが、これは水田で栽培します。乾燥が激しい場合には、畝間に灌水をして水分を補給します。

葉から水分を吸収する野菜	トマト、メロン、スイカ
葉からの水分吸収を嫌う野菜	ピーマン、玉レタス、キャベツ

表５－４　葉からの養水分の吸収。葉からの水分吸収を嫌う野菜は、降雨も苦手

定番野菜のジャガイモ、タマネギ、ニンジンや、よく栽培されるトマト、ナス、キュウリなどの実物野菜類は過乾・過湿を嫌い、適度な水分条件の土を好みます。中庸の水分の土壌を好む野菜といえます。こうした野菜の栽培をする場合は、畑の水はけを良くしながら、乾燥した場合は水をかけます。

葉と水分

植物は根から養分や水分を吸収しますが、根だけではなく、葉からも養水分を吸収します。ただし、葉からの水分吸収が得意な植物と苦手な植物があります。

たとえば、葉が撥水性のあるワックスで覆われているピーマン（パプリカ）や玉レタスは水分を葉から吸収するのは苦手で、降雨を嫌います。一方、葉に毛のあるトマトやメロンは葉から水分を吸収するため降雨を好みます（表５－４）。

しかし、いくら降雨を好むからといっても、トマトやメロンは水分を多く吸収すると、糖度が高くなりません。このため、本来の生育には良くありませんが、糖度を高めるために、トマトやメロンの露地栽培では雨除け栽培で水分吸収を制御します。

玉レタスは結球がはじまると、とくに降雨に弱く、雨は腐敗病の原因となります。なお、玉レタスを雨除け栽培すると、真夏に平地でも玉レタスを栽培することができます（図5－1）。また、パプリカは雨除けで栽培すると、生育旺盛で病害虫に感染しにくくなります。

5－3　光からみた「良い土」

光を好む作物、嫌う作物

「光」も植物の生育に大きく関わってきます。光を好む野菜と日陰でも育つ野菜とでは、土作りにも違いが出ます。

まず、植物は光合成のため太陽光線を必要とします。といっても、光が強すぎて、水分が不足すると死滅してしまいます。一定以上の光の強さは有害であり、光合成に貢献しません。光

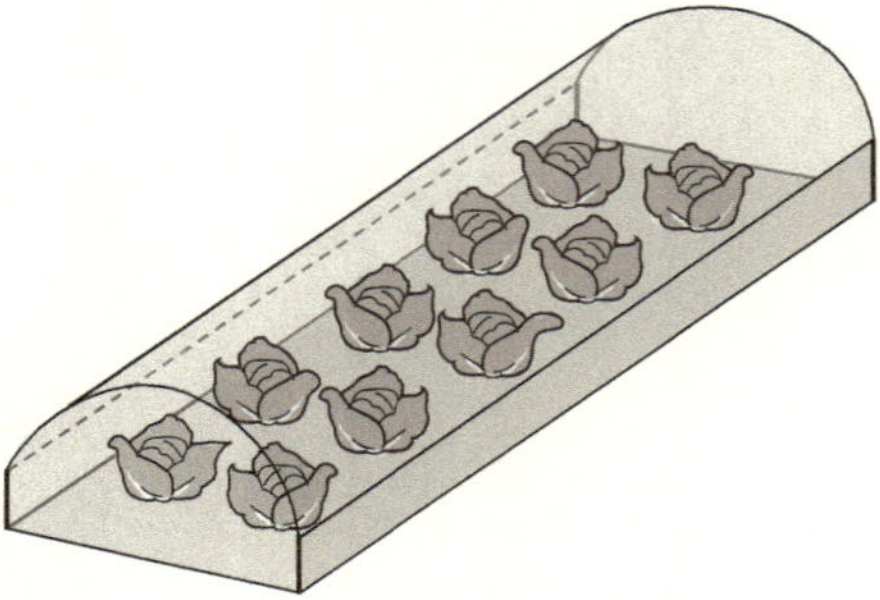

図5－1　レタスの雨除け栽培

合成に必要な光の強さを「光飽和点」と呼び、光の要求量は植物の種類によって異なります（例外として、光飽和点を持たないサトウキビやトウモロコシがあります）。

光飽和点の高い野菜を陽性野菜、光飽和点の低い野菜を陰性野菜と呼びます（表5－5、5－6）。

植物の種類	光飽和点（キロルックス）
トマト	70
ナス	40
キュウリ	55
エンドウ	40
レタス	25
ミツバ	20
水稲	40〜50
コムギ	25〜30

表5－5　主な野菜類の光飽和点

光を好む野菜（陽性野菜）の代表格はトウモロコシと長ネギです。トウモロコシは光飽和点を持っていませんし、長ネギは自身の陰も嫌うほど、強い光を好みます。このため、土作りでは、十分に光があたるように畝間を広くとり、畝の方向も南北になるように気を配ります。

メロンやスイカといったウリ類も光を好みます。これらはほかの植物がほとんど生えていない砂漠周辺が原産地だからです。しかし、これらも根は光と乾燥を嫌うため、地表を這って葉で日光を遮って日陰を作りながら伸長します。このため根は、蔓が伸び、葉が繁茂してからその下に伸びます。敷きワラや敷き草で地表を覆うと、根の広がりが早く旺盛に生

陽性と陰性の区別	主な野菜
陽性野菜 	トウモロコシ、エンドウ、ソラマメ、インゲン、ジャガイモ、サツマイモ、スイカ、キュウリ、カボチャ、トマト、ダイコン、カブ、ニンジン、ゴボウ、キャベツ、タマネギ、イチゴ、長ネギ
半陽性野菜 	ラッキョウ、ショウガ、ウド、アスパラガス、コンニャク、シュンギク、サトイモ、レタス 
陰性野菜 	ミョウガ、フキ、ミツバ、ニラ、ワサビ 

表5－6　陽性野菜と陰性野菜

育します。

サトイモ、ショウガ、コンニャク、アスパラガスなどは光を好みますが、ほかの野菜や果樹類などの日陰でも育つ半陽性野菜です。これらの野菜は、光は好みますが強い光は嫌います。このため、太陽光線の強い真夏は寒冷紗などで覆うと旺盛に生育します。

ミョウガ、ミツバなどは光要求性が低く、ほかの野菜類の日陰でも生育できる陰性野菜です。これらの野菜は、ほかの野菜類の株元でもよく育ちますので、背の高い野菜類の株元に混植してもいいでしょう。

また、インゲンやキュウリといった蔓性野菜類は、ほかの植物が生育した後、その植物に蔓を絡ませて生長するため、生育初期には耐陰性があります。インゲンは陽性野菜ですが、生育初期は日陰で生長します。そのため、トウモロコシの株元に播種し、トウモロコシの収穫終了後にそれを支柱に利用して栽培することができます（写真５－２）。同様に、オクラの株元にエンドウを播種し、オクラの収穫終了後に支柱に利用する方法もあります。

写真５－２　トウモロコシとその株元で栽培されるインゲン

日長に応じた土作り

植物は発芽後、葉や茎を成長させて、やがて生殖のために花になる芽を作るようになります。これを花芽分化といいます。花芽分化には日長（日照時間の長さ）が関係していて、日長によって花芽が分化する現象を光周性といいます。光周性は野菜によって異なります。

12時間より短い日長で花芽分化するのが短日性野菜で、イチゴやキュウリがあります。12時間より長い日長で花芽分化するのが長日性野菜で、ホウレンソウやシュンギクがあります。日長は関係せず花芽を分化するのが中性野菜で、メロ

光周性	主な野菜
短日性 	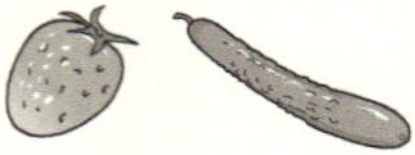 イチゴ、キュウリ
長日性 	 ホウレンソウ、シュンギク
中　性 	 メロン、スイカ、ナス、ピーマン、トマト

表5－7　野菜の光周性。日長が花芽分化に影響する

ン、スイカ、ナス、ピーマン、トマトなどがあります。短日性野菜や長日性野菜は収穫時期が決まっていますが、中性野菜は年間を通じて果実を収穫することができます（表5－7）。

長日性のホウレンソウやシュンギクは花が咲いてしまうと収穫できませんので、短日の秋～冬に主に栽培されます。この時期は肥効が現れにくいため、速効性のあるボカシ肥や化学肥料を用いた土作りをおこないます。

また、ナス、ピーマン、トマトなど光周性が中性で多年生の野菜類は長期間収穫されることが多くなります。このため、堆肥や有機質肥料など遅効性・持続型の資材で土作りをおこなうと、これらの野菜にとって良い土となります。

5-4 温度からみた「良い土」

野菜が好む気温

野菜は、種類によって好む気温が違います。冷涼を好む野菜類は4~23℃（適温12~18℃）、温暖を好む野菜は12~28℃（適温18~28℃）、高温を好む野菜は18~33℃（適温23~28℃）です（表5-8）。

冷涼を好む野菜としては、地中海性気候が原産地のタマネギ、キャベツ、ブロッコリーや、エンドウ、ソラマメ、ニンニク、ホウレンソウなどがあります。これらの野菜は秋~冬に栽培すると、高品質になります。

高温を好む野菜としては、原産地が熱帯のトウガン、ゴーヤー、スイカ、メロン、キュウリ、ナスなどがあります。これらの野菜は夏期に栽培すると、高品質になります。

温暖を好む野菜としては、カボチャ、トマト、インゲン、トウモロコシ、アスパラガス、ゴボウなどがあります。露地栽培の場合は、春~秋に栽培します。

表5－8　野菜の生育温度。種類によって好む気温が異なるので、栽培時期に気をつける

多くの野菜類は春から秋に生育し、冬は枯死するか、広く葉を広げる（ロゼット）などして越冬します。しかし、すべての野菜がそうではありません。たとえば、ネギ科の多くの野菜は夏に休眠したり生育を休んだりして、涼しくなった9月中旬以降に生長をはじめ、秋〜春に生育します。あるいは、タマネギ、アサツキ、ニンニク、ラッキョウは、初夏に気温が上昇すると、地上部は枯れて休眠します。また、ニラも夏の高温期には生長が一時停止します。そのほか、ジャガイモも夏休眠します。

一定以上の大きさになると、低温に感受して花芽を分化する野菜もあります。キャベツ、セルリー、タマネギ、ネギ、ゴボウ、ブロッコリー、カリフラワー、ニンジンなどです。たとえば、タマネギの場合、大苗を植え付けると低温に感受して花芽を分化します。そのため、春に花が咲いてしまい収穫できません。これを避けるために、タマネギは小さい苗で植え付けます。

種子が発芽の第2期に入ると、それ以降、低温に感受して花芽を分化する野菜もあります。ハクサイ、ダイコン、カブ、タイサイです。−5〜15℃（3〜8℃が最適）の低温が20〜30日続くと感受性を示し、花芽を分化します（表5-9）。

低温の感受性	野菜の種類
種子で感受	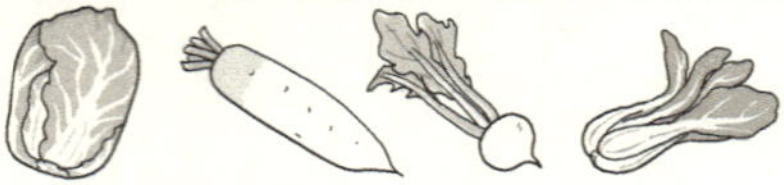 ハクサイ、ダイコン、カブ、タイサイ
一定の大きさで感受	 キャベツ、セルリー、タマネギ、ネギ、ゴボウ、  ブロッコリー、カリフラワー、ニンジン

表5－9　花芽の分化。種子で感受する野菜と一定の大きさになると感受する野菜がある

土の温度の調整

野菜作りに気温が大切な要因であることはよく知られていますが、実際には、地温も同じように重要です。

土に触れると、気温が高いときは冷たく、低いときは暖かく感じます。これは気温に地温が遅れて（ズレて）変動するためです。この温度のズレを考慮しないで、気温が生育適温になったからといって、夏野菜を地温の上昇前に播種したり、定植したりすると、発芽やその後の生育が極端に悪くなります。また、秋野菜を地温の高い時期に播種や定植しても同じように発芽や生育が極端に悪くなります。

野菜類は気温、地温とも適期に播種や定植す

ることがベストです。しかし、日本で栽培されているほとんどの野菜類の原産地は気候が異なる海外です。このため、栽培地の気温や地温は、原産地のそれとズレが生じます。そこで、地温を上げる方法と地温の上昇を抑える方法が有効になります。

（1）地温を上げる方法

熱帯が原産地のナスやキュウリは、適期に播種すると、旬の夏には収穫できず、秋ナスや秋キュウリになります。そこで播種床や苗の育成には、踏み床、電熱温床などを用います。畑に温室を建設して地温を上げる方法もありますが、家庭菜園では露地栽培が中心です。そこで活躍するのがポリエチレンマルチです。定植の1週間以上前に耕し畝を立て、地表をポリエチレンマルチで覆います。こうすると、温度が外に逃げず地温が上昇します。

あるいは、畝を立てただけでも平畝より地温は上昇します。また、中耕や土寄せ、草生栽培をすることでも、地温を上げることができます。これらが微生物活性を高め、有機物の分解を促進するため、土が暖まるのです。

（2）地温の上昇を抑える方法

地温の上昇を抑えるには、太陽光線を遮ることです。敷きワラ、敷き草、草生栽培、寒冷紗の被覆などを利用する方法があります。また、太陽光を反射する白ポリエチレンマルチも地温上昇を抑えます。敷きワラや敷き草は、本来は土の乾燥や跳ね上がり防止に用いられますので、地温の上昇抑制は副次的な効果といえます。

地温を直接下げるには、灌水や散水も効果があります。ただし、あまりに水をまきすぎると障害が発生する場合もあります。

5-5　混植・間作・苗床

家庭菜園の面積は限られています。効率的な栽培には、狭い家庭菜園の空間と時間を上手に活用することです。

たとえば、草丈の高い野菜の株元には、草丈の低い野菜が栽培できる空間が存在します。また、畝と畝の間にも野菜を栽培できるスペースがあります。通常この部分には雑草類が生えます。こうした株元や畝間のスペースを栽培に利用するのが「混植」や「間作」です。

混植は強力な栽培方法

混植は人口密度に比べて耕地面積の少なかったアジアで作られた栽培方法で、時間と空間を上手に利用します。1つの畑に1種類の農作物を栽培した場合は収量に限界がありますが、1つの畑に2種類以上の作物を栽培すると限界を超えた収量を得ることができるとの考え方です。混植は限られた面積の畑で少量多品目を実現する強力な栽培方法の一つで、家庭菜園にも向いています。

一般的に、良い環境があれば良い作物を栽培できます。このため、作物を育てるには、光、温度、水分、湿度、養分など、生育に必要なすべての条件を整えることが大切です。しかし、単一作物で、その作物に都合の良い環境を作り出すことは容易ではありません。一方、2種類以上の野菜を栽培すると、お互いの生育に都合の良い環境を作り上げることができる場合があります。

混植には基本的条件ともいえる組み合わせがあります。エンバクなどの単子葉植物にはハクサイなどの双子葉植物、葉ネギなどの浅根野菜にはホウレンソウなどの深根野菜、トウモロコシなどの陽性野菜にはダイズなどの陰性野菜（写真5－3）、ナスなどの吸肥力の強い野菜にはラッカセイなどの窒素を固定する野菜（写真5－4）、生育期間の長いニンニクなどには生育期間の

写真5－3
トウモロコシとダイズ。光要求性の高いトウモロコシの広い畝間に耐陰性のあるダイズを間作する

写真5－4
ナスとラッカセイ。ラッカセイが窒素を固定してナスに与える

写真5－5
メロンと長ネギ。長ネギがメロンの連作障害を防ぐ

短いスイートコーン、背丈の高いナスには低いパセリなどの組み合わせがあります（表5－10）。

実際によくおこなわれる混植の例としては、サツマイモとササゲ、ブロッコリーとレタス、メロンと長ネギ、ホウレンソウと葉ネギなどを同じ菜園で栽培する方法があります（写真5－5）。

混植は主作物が単作と同等の収量を得られ、かつ副作物の収穫が得られることが原則です。

単子葉植物には双子葉植物
浅根野菜には深根野菜
背の高い野菜には低い野菜
陽性野菜には陰性野菜
吸肥力の強い野菜には窒素を固定する野菜
生育期間の長い野菜には生育期間の短い野菜
相互に悪影響を及ぼす他感物質を出さない
病害虫が共通しない

表5－10　混植・間作の基本的条件

間作は生育期間の差を利用する

間作は生育期間の差による空間を利用した栽培方法です。間作も混植と同様に表5－10に示した基本的条件が必要です。

間作の代表例としては、冬作のオオムギ、コムギ、エンバクなどのムギ類の間に、春にカボチャ、ラッカセイ、ユウガオ、サトイモなどを栽培する方法です。同じく冬作のタマネギ、ニンニク、ソラマメの間に、緑肥のクレムソンクローバー、カボチャ、ユウガオなどを栽培する方法もあります。サツマイモとダイコン、ジャガイモとサトイモ、ナスとインゲン、トウモロコシとダイズなどの間作もよく知られています。

コンパニオンプランツの最新版

植物は「種」の繁栄のため、種子を分散し、大地に根を下ろすと、ほかの植物を排除して生育範囲を拡大します。しかし、自然を観察すると1種類の植物だけが繁殖しているわけではなく、何種類かの植物が共栄しています。この共栄関係を持つ植物同士を「コンパニオンプランツ」といいます。混植することで双方の植物にメリットがある植物同士がコンパニオンプランツ、というわけです。自然界において、植物はともに助け合いながら数種で群落を形成しますが、この群落を形成できる関係がコンパニオンプランツの原点です。

畑の野菜類にも同じような関係がみられます。キャベツ畑にはハコベなどの雑草が生えますが、キャベツは共栄を好み雑草の中でも元気に育ちます。しかし、トマトはほかの植物を排除する力が強く、畑には雑草もほとんど生えません。

キュウリ、ゴーヤー、キャベツ、ブロッコリーなどは、ほかの野菜類を排除せず共栄を好みます。ハクサイ、トマト、ソバ、ローズマリーなどは、ほかの野菜を排除する働きが強く、共栄できる野菜はほとんどありません。ところが、雑草を含めほとんどの野菜と共栄できるキャベツ

写真5－6　ジャガイモをキャベツの隣に植えると生育が悪くなる

も、排除する例外的な野菜があります。それがジャガイモで、キャベツ畝の隣に植えると排除されて極端に生育が悪くなります（写真5－6）。逆に、ほとんどの野菜を排除するローズマリーもミョウガとは共栄します。また、共栄関係は良くありませんが、混植すると病害虫が予防できるという関係もあります。ピーマンやトマトとニラ、イチゴとニンニクなどが該当します。

このように、家庭菜園で用いる共栄関係は絶対的なものではなく、どちらか一方の生育を助け、あるいは役立つ場合はコンパニオンプランツとして考えていいでしょう。ニラや長ネギなどネギ科野菜は土壌病防除と害虫の忌避に役立ちます。また、レタスやシュンギクなどキク科野菜も害虫の忌避に役立ちます。ラッカセイやダイズなどマメ科野菜は土作りに利用できます。

伝承農法ではコンパニオンプランツの事例が数多くみられます。キュウリやスイカなどのウリ類と長ネギ、ウメとリュウノヒゲ、カキとミョウガ、キャベツとハコべ、トウモロコシとハッショウマメやダイズなどは互いに生育促進と病害虫の回避に役立っている関係です。野菜類とハーブ、柑橘類とナギナタガヤなどは助け合う関係ではありませんが、病害虫防除に用いられます。

ため池の土手や水田の畦畔《けいはん》などにヒガンバナが咲いているのを見かけます。忌み嫌われる植物ですが、植えられるのは意味があります。ヒガンバナの鱗茎にはルコリンが含まれ、野ネズミやモグラを忌避し、ため池や水田の漏水を防ぎます。また、飢饉のときは毒を抜き、救荒食料として利用されてきました。これもコンパニオンプランツの一つです。

巻末資料3に、混植・間作のコンパニオンプランツとその期待される効果の一覧を掲載しました。前著『伝承農法を活かす家庭菜園の科学』に掲載したものに、新しくわかった内容を加筆・修正した「最新版」です。避けたい組み合わせも前著の内容に加筆して巻末資料4に掲載しています。

肥料は2倍必要か？

「混植や間作は2種類以上の作物が栽培されるので2倍の肥料が必要？」との質問が多くあります。答えは2倍の肥料が必要ではありませんが、作物によって施肥量を変えたほうがいいでしょう。

たとえば、エンバクとハクサイ、エンバクとコンニャクなどの間作はエンバクの吸肥力が強いので20〜30％増肥しないとハクサイやコンニャクの生育が悪くなります。逆に、ナスとラッカセイ、トウモロコシとダイズ、ピーマンとアルファルファなどマメ科との混植・間作は、マメ科と共生する根粒菌が空中窒素を固定しますので、単作と同等かあるいは20％程度減肥します。

ブロッコリーとレタス、キュウリやスイカなどウリ科野菜と長ネギ、トマトとニラなどの混植は栄養分には影響を与えません。したがって、ブロッコリー、ウリ科野菜、トマトはそれぞれ通常通りの施肥量とします。

混植の実際

ナスとパセリは相性の良い組み合わせです。しかし、同じナス科のトマトとパセリの相性は悪く、トマトの近くに植えられたパセリは地上部が溶けてなくなります。雑草の中でも良く育つ共栄を好むキャベツもジャガイモの生育を抑えます。ローズマリーはほとんどの野菜類を排除するため混植には向きませんが、ミョウガとは共栄します。このように、共栄関係を他の野菜の組み合わせに応用するのはなかなか難しいものです。

混植により病害を予防あるいは害虫を忌避する働きは、化学農薬のようにシャープな効果ではなくマイルドです。病原菌の密度が高い場合や、害虫の食餌が近くにない場合は効果がほとんど発現しない場合もあります。

ブロッコリーにレタスを混植するとヨトウガ、モンシロチョウ、コナガの飛来を忌避し産卵を抑制します。通常、ブロッコリー5株に対してレタス1株で忌避効果が現れます。ところが、ブロッコリーの周囲をレタスで囲んで栽培した場合でもヨトウムシ、アオムシ、コナガの幼虫による食害を受ける場合がありました。これは周辺にアブラナ科の野菜がほとんど栽培されていなかったため、害虫類はレタスを混植したブロッコリーにも産卵したためと思われます。

移植（苗床）の活用

移植とは、ポットなどの苗床に種をまいて育て、後で菜園に苗を定植することです。ダイコン、ニンジン、ゴボウなどの移植できない野菜を除き、ほとんどの野菜類は移植が可能です。苗の時期は成株に比べて狭い面積でも栽培できますので、ポットの苗床で育てます（図5－2）。苗床である程度まで生育したら、菜園に植え付けます。

菜園では気温が低く発芽できない時期でも、軒先やベランダなどの暖かい場所では播種が可能ですので、苗を育てることができます。また、害虫の被害を受けやすい秋野菜は、害虫の食害を受けないようにポットで育苗し、害虫の行動が少なくなる彼岸以降、菜園に植え付けると、被害をほとんど受けることはありません。

これらのことから、菜園を効率的に利用するため、移植可能な野菜類は、直播せずに、苗床で育成してから定植するといいでしょう（表５－11）。

苗床は小さな面積で済みますので、土作りは簡単ですし、温度の管理、水かけや光の制御なども容易におこなえます。このため、気温の低い時期や高い時期に播種することができ、前進栽培（早採り）が可能となります。また、収穫前の野菜などの畝間に定植することも可能で、畑の時間と空間を効率的に利用できます。

外気温の低い早春に苗作りをする場合は温度を確保する必要があります。保温や加温には透明な衣装ケース、簡易温室、踏み床温床などを利用します（写真５－７）。軒下やベランダでは透明な衣装ケースが手軽で便利で

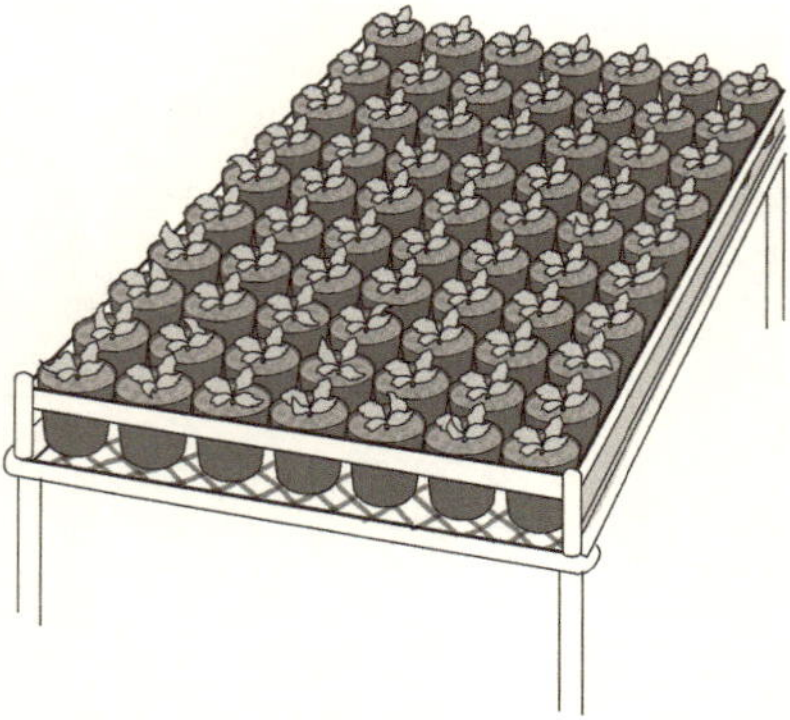

図５－２　ポットの苗床

直播と移植の区別	主な野菜
直播する野菜	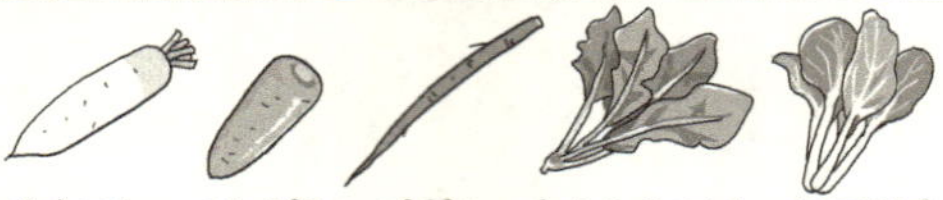 ダイコン、ニンジン、ゴボウ、ホウレンソウ、コマツナ
直播に向く野菜	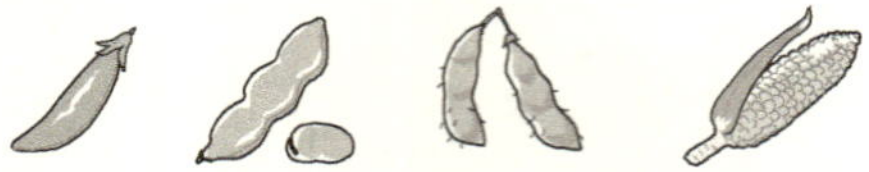 エンドウ、ソラマメ、ダイズ、スイートコーン
種芋などを植える野菜	 サトイモ、ショウガ、ジャガイモ、ニンニク、ラッキョウ
移植に向く野菜	 カボチャ・スイカなどのウリ科野菜、トマト、タマネギ、  ピーマンなどのナス科野菜、キャベツ、ブロッコリーなど多数

表5－11　直播する野菜と移植する野菜

写真5－7　衣装ケースで苗作りをすると便利

す。播種したポットをケースの中に並べ蓋をします。日中は太陽光線にあてて温度を上昇させ、夜間は毛布などで覆って保温します。

苗床と畑の環境には大きな違いがあります。苗床で過保護に育った苗を直接畑に植えると、活着やその後の生育が悪くなります。このため、定植前に温室外に2〜3日間さらして、外気温や太陽光線に馴らします。

コラム5　コンパニオンプランツはどうやって発見するのか

コンパニオンプランツには、実験で作り出す方法と、伝承農法から学ぶ方法があります。まず、実験で作り出す方法です。セルトレーの中に2種類の野菜を播種して生育状況を観察します。例えば、72穴（6×12）のセルトレーすべてにゴマを播き、ここに2列ずつ、キャベツ、ダイコン、トマト、シュンギク、キュウリ、ホウレンソウを混播します。また、同じように72穴のすべてにソバを播き、キャベツ、ダイコン、トマト、シュンギク、キュウリ、ホウレンソウを混播します。その後、発芽状況と生育状況を観察して相性を調べます。

この実験を主な野菜類の組み合わせに試みます。次に相性が良かった組み合わせと、極端に生育を抑制した組み合わせは、ポットや畑で再確認します。また、病害虫に対する反応や生育状況を観察して混植の効果を調べます。

次に伝承農法から学ぶ方法です。ユウガオと長ネギ、トウモロコシとインゲンなどの伝承技術のメカニズムを解明し、これを他の野菜に応用します。例えば、ユウガオと長ネギの混植は、長ネギの根に共生する拮抗菌の働きで、連作障害（土壌病害）が回避されていたことが明らかになりました。この現象を応用して、トマトとニラ、ホウレンソウと葉ネギ、イチゴと長ネギ、メロンと長ネギ、スイカと長ネギ、ナスとニラなどの混植技術が開発されました。

第6章　連作と輪作を使い分ける

家庭菜園は少量多品目の野菜が窮屈そうに栽培されることが多くなります。日当たりや水はけ、土性などから毎年同じ野菜が同じ場所に栽培される場合や、次々と異なった野菜が播種あるいは定植される場合など、連作と輪作が必然的におこなわれます。

連作すると次第に土が悪くなり野菜の出来も悪くなる、と頭から信じ込んでいる人もいます。輪作すると土が良くなり野菜の収穫が安定する、とこれまた頭から信じ込んでいる人もいます。これらは正しいのでしょうか。

実際には、野菜類には連作すると品質が向上し収量がアップする種類もありますし、逆に連作すると極端に生育が悪くなる種類もあります。一概に「連作が悪」とはいえません。輪作も同様で、輪作したからといって収量が増えるとは限りません。輪作は、病害虫や土壌病害対策を目的とする場合も多いのです。

では、そもそもどうして連作や輪作が農作物の収穫に影響するのでしょうか。それを知るには、連作や輪作が土にどういう影響を及ぼしているかを解き明かす必要があります。

ここでは連作と輪作について、これまでに明らかになった研究成果などを解説します。連作も輪作も、家庭菜園で土を考える場合に欠かせない知識で、まさに「土のふしぎ」が感じられる分野です。

6-1　連作・輪作とは？

毎年同じ時期に、同じ作物なら連作

同じ農地で毎年連続して栽培することを連作といいます。同じ農地に別の作物を周期的に栽培することを輪作といいます。

これだけではおおざっぱなので、ここでは連作と輪作を次のように定義します。同じ時期に、同じ菜園に、同じ作物を栽培する場合が連作。時期、菜園、作物のいずれかを変えて栽培する場合を輪作とします。

連作や輪作は、その気候によって栽培法が異なります。たとえば、冷涼な気候で冬に積雪があり、年に1作のみ栽培が可能な地域と、温暖で年間を通じて複数回、作物栽培が可能な地域では、同じ「連作」でも栽培内容は異なりますが、用語としては同じと規定します。

すなわち、北海道など積雪地帯で、春〜秋はジャガイモやビートなどを栽培し、冬は菜園が雪の下になり、雑草なども生えず、春に再び同じ菜園にジャガイモやビートなどを栽培する場合は連作です。同様に、九州など温暖な地域で、秋～春にイチゴを栽培し、夏は雑草を生やし放置した場合や、雑草に代え緑肥あるいは野菜類などを積極的に栽培した場合も、秋に再びイチゴを栽培すれば連作です。これは農作物を複数回栽培できる地域でも、冬期間と夏期間では栽培できる農作物が異なり、土壌微生物や雑草などの種類も異なるためです。

北海道で、1年目にビート→2年目にコムギ→3年目にジャガイモ→4年目にダイズを栽培する場合は輪作です。九州で、1年目の冬にタマネギ→1年目の夏にニンジン→2年目の冬にタマネギ→2年目の夏にニンジンと、毎年同じサイクルを繰り返して栽培する場合は連作です。

あるいは、冬期間は毎年タマネギを栽培し、夏期間はニンジン、オクラ、ナスなどを交互に栽培した場合のタマネギは連作で、夏作のニンジン、オクラ、ナスは輪作です。同じように、夏期間は毎年同じ場所にナスを栽培し、冬期間はタマネギ、エンドウ、ソラマメを交互に栽培した場合もナスは連作で、冬作のタマネギ、エンドウ、ソラマメは輪作となります。

連作の有効性

農作物は種類によって生育条件が異なります。土壌の粒形や緻密度、通気性や保水性、腐植の含有量や肥沃度、作土層の深さなどの好みが異なるのです。このため、生産者は作物の生育に適

連作と作物の生育	主な作物
連作で品質が向上	サツマイモ、カボチャ、タマネギ、ニンジン、ダイコン
連作の影響がない	イネ、オオムギ、コムギ、アワ、カラスムギ、トウモロコシ、キビ、レンコン、クワイ、ミズゼリ、ツケナ、カブ、カンラン、イチゴ、アスパラガス、トウガラシ、ウド、ワサビ
連作で障害が発生	サトイモ、ジャガイモ、マクワウリ、シロウリ、トマト、インゲン、ハクサイ、スイカ、ナス、エンドウ、ゴボウ、ビート、アマ

表6－1　連作と生育

した土壌条件に合わせて土作りをおこないます。有機物の種類や施用量、耕耘の深さや粒形、粘土や砂の客土、畝の高さや方向などを組み合わせます。こうしてできあがった土は同じ農作物の栽培には適しますが、違う農作物の栽培には不向きとなります。連作は同じ作物を同じ菜園に栽培するため、その菜園の土壌条件を最大限に活用する栽培方法といえます。

しかし、連作には適不適があります。連作に適している作物、言い換えると、連作で品質が向上する作物もあれば、連作の影響がほとんどない作物もあり、連作すると障害が発生しやすい作物もあります（表6－1）。

農薬や化学肥料を用いない有機栽培や自然農法では、作物の栽培特性に合わせて連作が多くなります。また、キャベツ、レタス、イチゴ、ナス、トマト、メロン、スイカなどの産地や施設栽培でも、農薬などでの土壌処理をおこないますが、連作で栽培することが多くなります。

連作は畑の物質循環を効率的におこなえるというメリットがあります。野菜類には葉面微生物や根圏微生物が生息しており、これらの微生物は種特異性が強く野菜ごとに決まった微生物が生息しています。葉から溶脱した物質や根から排泄した物質を分解して再び野菜が利用できるような形に変換するのです。これらの微生物は収穫が終了すると、分解微生物として、茎葉や根などの収穫残渣を分解して、次作の栄養分を作り出します。こうした種特異性の強い微生物を安定して保持できる点は、連作のメリットといえます。

発病抑止型土壌と発病衰退現象

連作すると障害が発生しやすい作物もあります。こうした作物は、どこで栽培しても障害が発生するのでしょうか。じつは、連作障害が発生しやすい作物を含め、すべての作物を連作しても、土壌病害が発生しない土壌があります。これを「発病抑止型土壌」といいます。発病抑止型土壌として世界的に有名なのは、三浦半島のダイコン栽培地帯です。

発病抑止型土壌には①病原菌が定着できないため発病しない土壌、②病原菌は定着するが発病しない土壌、③病原菌が定着して激しく発病するが、連作に伴い発病が激減する土壌、に区分されます。

いったん発病抑止型土壌になると、病原菌を接種しても土壌病害は発生しません。また、土壌を消毒すると発病抑止性は消失しますが、1〜2年で再び発病抑止型の土壌に復活します。発病抑止型土壌の科学的メカニズムについては、いくつか説がありますが、はっきりとしたことはわかっていません。

また、連作当初は土壌病害が発生して被害を生ずるものの、病害が激減し、収量が増加する現象もあります。これを、「発病衰退現象」といいます。

発病衰退現象の一つに、コムギ立枯病があります。1974年、クックやホンビーらによって、この発病衰退現象が病原菌に対抗する土壌微生物によって生ずることが科学的に解明されました。その後、ダイコン立枯病、テンサイ根腐病、ジャガイモそうか病、ワタ根腐病などでメカニズムが科学的に解明されています。また、科学的には未解明ですが、イチゴ、トマト、ナス、ジャガイモ、スイカ、メロン、キュウリ、ユウガオ、タマネギ、ニンジンなど多くの野菜類は、伝承的に連作で栽培されています。

発病抑止型土壌や、発病衰退現象が発生する要因として、微生物の働きがあります。たとえば、土壌中のアメーバやセンチュウのなかには、細菌や糸状菌といった病原菌を餌とするものが

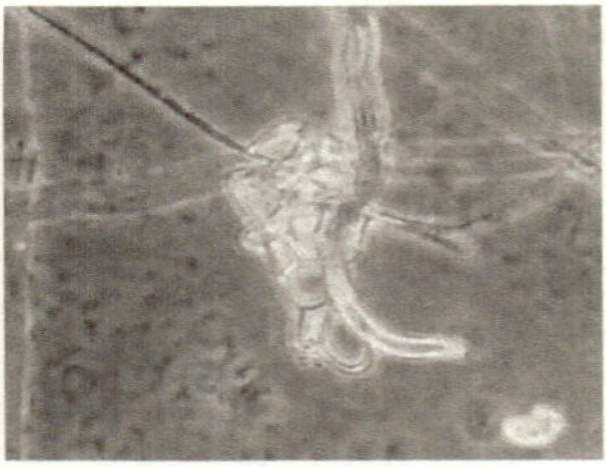

写真6－1　糸状菌によるセンチュウの捕食

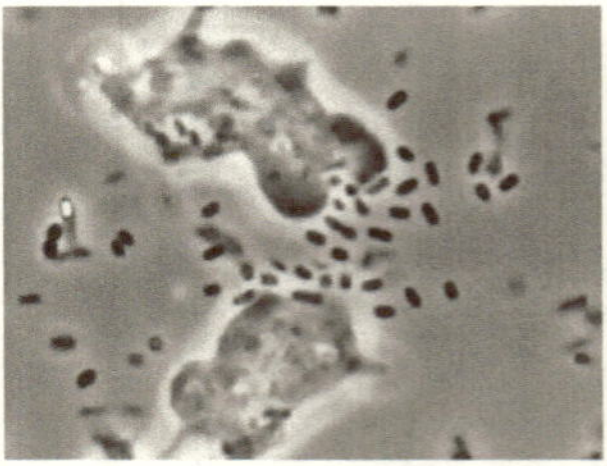

写真6－2　アメーバによる細菌の捕食

あり（その逆もある）、こうした微生物が増えていくと、病害は減少していきます。寄生、捕食、抗生、競合、交叉防御、抵抗性誘導、弱毒因子、共生など、土壌微生物のさまざまな働きが、連作障害の抑止に一役買っていると思われます（写真6－1、6－2）。

連作障害の発生を妨げる主な土壌微生物の働きを表6－2にまとめました。

輪作の有効性

輪作は1年目に草を生やして草地を作り、2年目は牛を放牧して糞尿で土を肥やし、3年目は豊かになった圃場にムギをまく、という三圃式農法として生まれました。アメリカでは、綿を連作するよりも、ほかの作物と交互に栽培したほうが収穫量は多くなったことから、連作より輪作が有効といわれるようになりました。

寄生	
トリコデルマ、グリオクラディウム、タラロマイセス、アンペロマイセスなどの菌は、病原菌の菌糸や菌核に寄生して溶菌・崩壊させ、病原菌の活性を低下させたり死滅させたりする	
捕食	
土壌中のアメーバやセンチュウのなかには、細菌や糸状菌を餌とする系統がいる。これらは、病原菌の胞子、菌糸、菌核などの耐久器官を捕食して、病原菌の密度を低下させる	
抗生	
ある微生物が産生する抗菌物質によって、ほかの微生物が死滅、あるいは生育が抑制される現象。ペニシリン、テトラサイクリン、ピロールニトリン、サリチル酸など多くの抗生物質が研究されている	
競合	
土壌中は低栄養状態のため、多くの微生物は栄養や生活の場を求めて競争する。根面微生物の一種が、病原菌より早く根面を占拠することで、栄養や棲みかを独占して、競合する病原菌の生育を抑える	
交叉防御	
植物に1つの病害が発生すると、ほかの病害が発生しない場合がある。弱い病原菌をあらかじめ感染させて、強い病原菌の感染を防ぐ方法で、非病原性フザリウム菌や弱毒ウイルスが利用されている	
抵抗性誘導	
微生物、とくに病原菌を処理することで植物に免疫を付与する方法である。病原菌以外に非病原菌、弱毒菌、根圏微生物、根面微生物、内生菌、菌根菌などが用いられる	
弱毒因子	
病原菌には病原力が低下した系統があり、弱毒株と呼ばれている。弱毒株は菌糸融合によって、弱毒遺伝子を伝搬し、強毒株を弱毒化する。リゾクトニアの菌糸融合によって立枯病が消失する報告あり	
共生	
植物の共生菌には根に共生する内生菌根菌と外生菌根菌、組織内共生菌が知られている。菌根菌や組織内共生菌が共生した植物は、防御機能が活性化されて病原菌に感染しにくくなる	

表6－2　連作障害の発生を妨げる土壌微生物の働き

土壌や気象条件が整っていれば、初めての土地に栽培された作物は旺盛に生育します。植物は、初めての土地では、とりあえず生育して生存の可能性を模索しますので、最初は良い生育を示すのです。これが、輪作が有効である一つの理由です。

輪作は土壌微生物の相互作用が期待できる場合があります。たとえば、痩せ地や荒地でも生育可能な、空中窒素を固定する根粒菌が共生するマメ科などの野菜と、栄養分が豊かな土壌を好むアブラナ科やアカザ科などの野菜を交互に栽培すれば、それぞれの野菜に利点があります。また、輪作は病原菌やセンチュウ類の防除対策にも使われます。たとえば、クロタラリア、ギニアグラス、マリーゴールドを輪作することで、センチュウ類を防除できます。これは、それぞれの野菜類へのセンチュウの寄生性が異なるからです。

筆者らは2000〜2006年に、さまざまな作物で輪作をおこない、ネコブセンチュウ、ネグサレセンチュウ、その他のセンチュウ（自活型の善玉センチュウ）の密度を調査しました。具体的には、アズキ、タマネギ、ナス・ピーマン、キャベツ、長ネギおよびコムギの輪作、ナス・ピーマン、キャベツ、長ネギ、コムギ、アズキおよびタマネギの輪作、長ネギ、コムギ、アズキ、タマネギ、ナス・ピーマンおよびキャベツの輪作の3つです。

いずれの輪作でも、ナス・ピーマン、アズキを栽培した後にネコブセンチュウが増加し、キャ

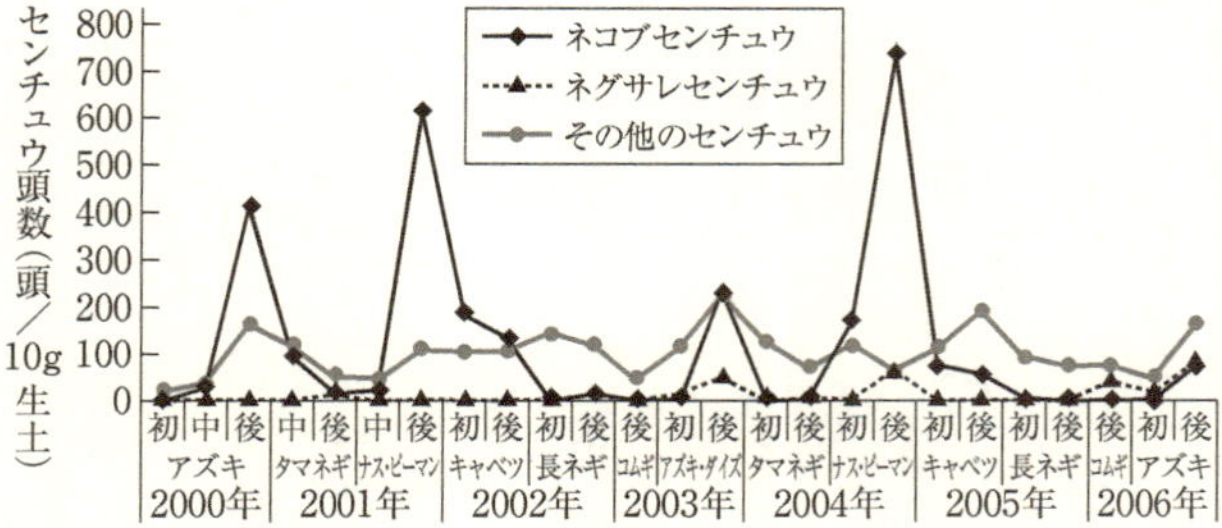

図6－1　輪作（アズキ、タマネギ、ナス・ピーマン、キャベツ、長ネギ、コムギ）

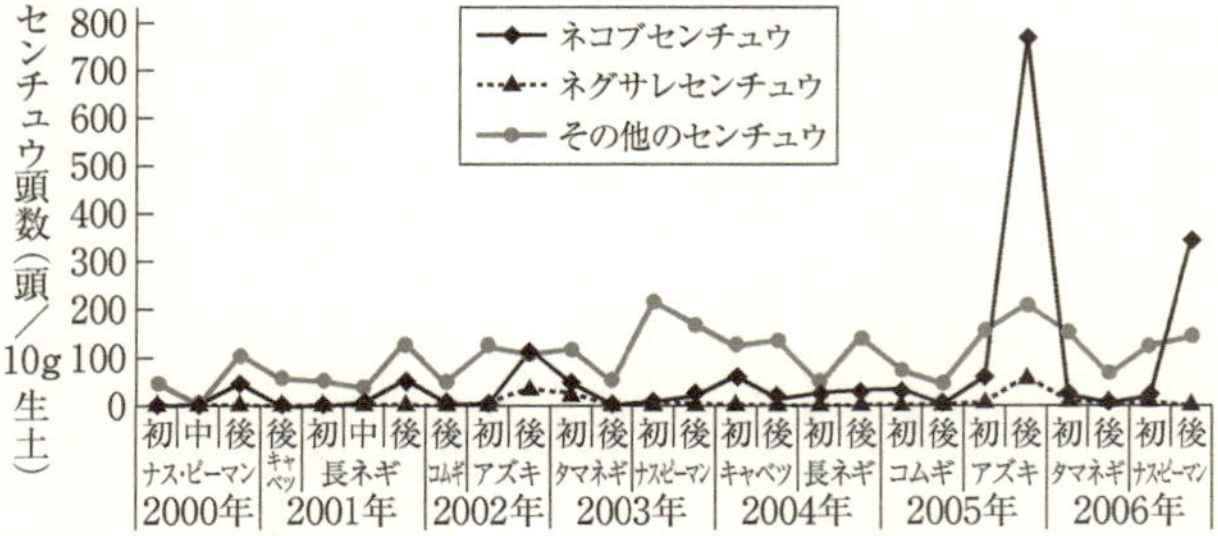

図6－2　輪作（ナス・ピーマン、キャベツ、長ネギ、コムギ、アズキ、タマネギ）

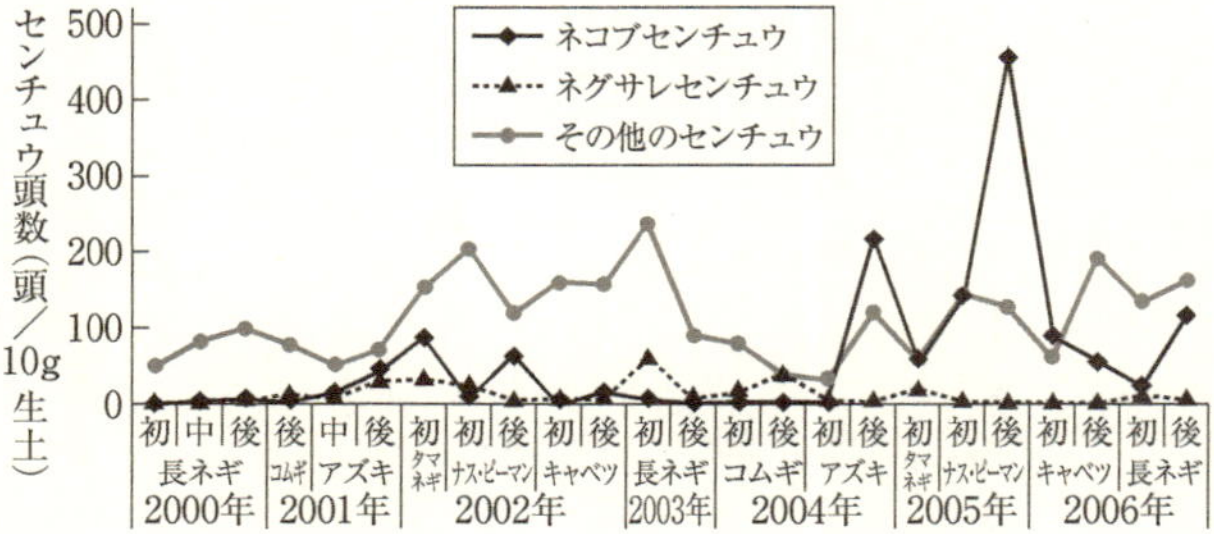

図6－3　輪作（長ネギ、コムギ、アズキ、タマネギ、ナス・ピーマン、キャベツ）

ベツやタマネギを栽培するとネコブセンチュウが減少します。このように、輪作はセンチュウ類をはじめ、土壌病原菌を増減させますので、作物の生産安定に活用されます（図6－1、6－2、6－3）。

6－2　連作・輪作で土に何が起きるか

連作や輪作が有効であると述べましたが、それはなぜでしょうか。以下では、連作や輪作をおこなった場合に、土壌で何が起きているかを考えてみます。連作と輪作を奨める科学的な根拠にもなります。

すぐには分解できない

植物は根や葉から吸収した養水分をすべて利用するのではありません。動物と同じように、不要になった物質や利用できなかった物質を根から排泄したり、葉から溶脱したりします。これらの物質は葉面や根面の微生物によって分解されます。また、根や茎葉などの収穫残渣も土の中に鋤き込まれて分解されます。しかし、これまでその土地で繁殖したことのない植物から排泄・溶脱された物質や収穫残渣は、その土地の微生物にとって経験したことのない、初めての物質のことが多く、すぐには分解できない物質も含まれています。

やがて、微生物の適応によって分解されますが、しばらくの間は未分解物質として土壌に集積します。集積のピークは3～4年とされますが、この時期に連作障害が現れます。分解が進むと、菜園内の物質循環ができあがり植物の生育は安定します。

長年、水稲やムギ類を栽培している田畑では、すでに微生物が適応しているので、次作がはじまるころにはイネ株やムギ株は形が残らないようによく分解されます。しかし、新たに栽培をはじめて2～3年の間は、次作のとき、収穫残渣が未分解の状態で田畑に残っています。連作の影響がほとんどないといわれる水稲やムギ類にも、このころ、土壌病害による連作障害が発生します。

悪玉菌と善玉菌の増減

作物の生育に悪影響を与える、あるいは病害を惹起する微生物を悪玉菌（病原菌）といい、作物の生育に良い影響を与える、あるいは病原菌を抑える働きのある微生物を善玉菌（拮抗菌）といいます。連作のメカニズムで興味深いのは、悪玉菌がいつでも悪玉とは限らず、善玉菌がいつでも善玉とは限らない、という点です。

一生が終わった植物は速やかに分解されて、次の世代の栄養分になることが大切です。植物を分解するのが上手な微生物は、じつは、その植物に病気を起こす微生物です。このため、物質循環という視点でみると、病原菌とその仲間は土壌になくてはならない存在といえます。

連作するとその作物を分解できる微生物が増殖して、菜園の物質循環がスムーズにおこなえるようになります。このとき、その作物との親和性（葉面や根面で繁殖できる性質）が高い微生物が最初に繁殖しますが、その多くが病原菌です。このため、作物に病害が発生しやすくなるのです。ところが、病害が発生してもさらに連作を続けると、次に、病原菌を餌とするトリコデルマやバークホルデリアなどの拮抗菌が増殖します。すると、病原菌の繁殖が抑制されて、微生物の生態が安定し、連作障害も減少していくのです。

作物の適応

自家採種が可能な固定種の野菜を、気候や土壌の条件の異なる地域で、それぞれ連作で3年以上栽培してみます。その後、相互に種子を交換して、比較栽培すると、同じ野菜の品種でありながら、異なった品種のような生育を示します。これを「不均衡進化」といいます。

不均衡進化は、栽培された土地の気候や土壌条件に適応した結果です。野菜の本質的な形質は変わらず、表現形質の一部が変わっただけです。これは、野菜も連作されることで、その土地の土壌や気候条件に適応することを示しています。

非常にまれですが「突然変異」もみられます。不適地で育った個体が、その土地にあった性状に自身を改変（突然変異）して繁殖する場合があります。この場合、以前の植物とは異なった種類として進化します。これも連作障害が発生しない理由の可能性があります。

6-3　実証された連作

連作の実証実験

1997〜2008年、筆者は大仁農場（伊豆の国市）で、ダイコン、キャベツ、コムギ、ダイズを化学肥料、草質堆肥、牛糞堆肥を用い連作で栽培しました。その結果、いずれの肥料の種類でも同じように病害が発生して収量が減少しました。病害の発生は、コムギ、ダイズ、ダイコンでは3〜4年目、キャベツでは4〜5年目でした。しかし、さらに連作を続けると、病害虫が発生しなくなり、収量が増加しました。以下で作物別の病害虫の発生推移と、収量の推移を紹介します。

（1）ダイコン

①病害虫の発生推移（発病衰退現象）

ダイコンは連作すると、萎黄病が発生するといわれていますが、本実験では連作にもかかわらず発生しませんでした。しかし、ネグサレセンチュウは春作、秋作とも発生し、増減を繰り返しました。また、春作で3～4年目にキスジノミハムシの幼虫が発生し、根部に大きな被害を受けましたが、5年目以降被害は激減し、衰退現象がみられました（図6-4、6-5、6-6）。

②収量の推移

ダイコンは、春作では化学肥料で収量が高く、秋作では堆肥で収量が高くなります。これは地温が低い春作では有機物の分解が緩慢ですが、夏を経る秋作時は、地温が高くなり、有機物が分解するためと考えられました（図6-7、6-8）。

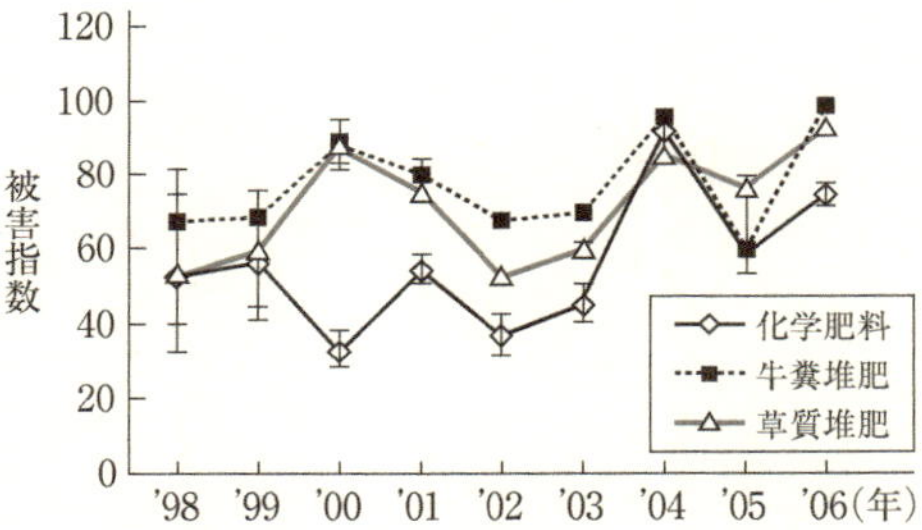

図6－4　春ダイコンのネグサレセンチュウ被害

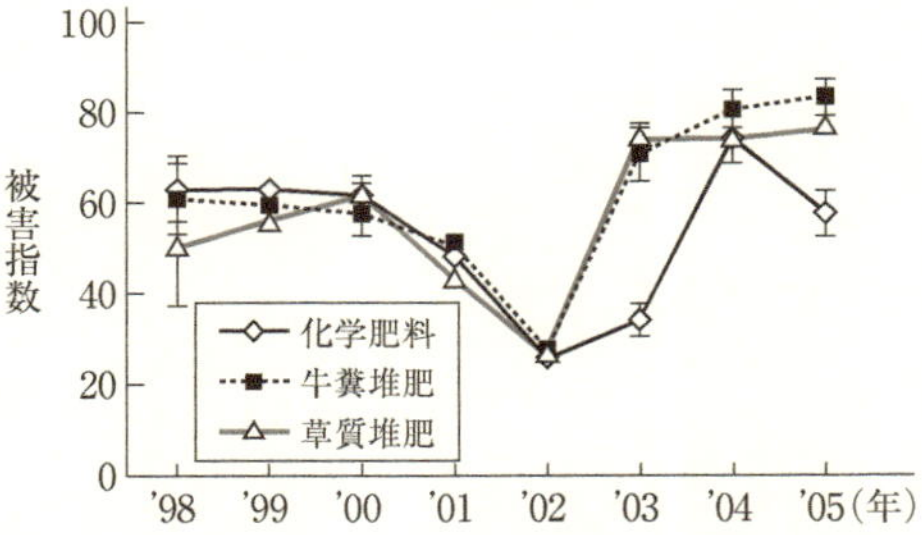

図6－5　秋ダイコンのネグサレセンチュウ被害

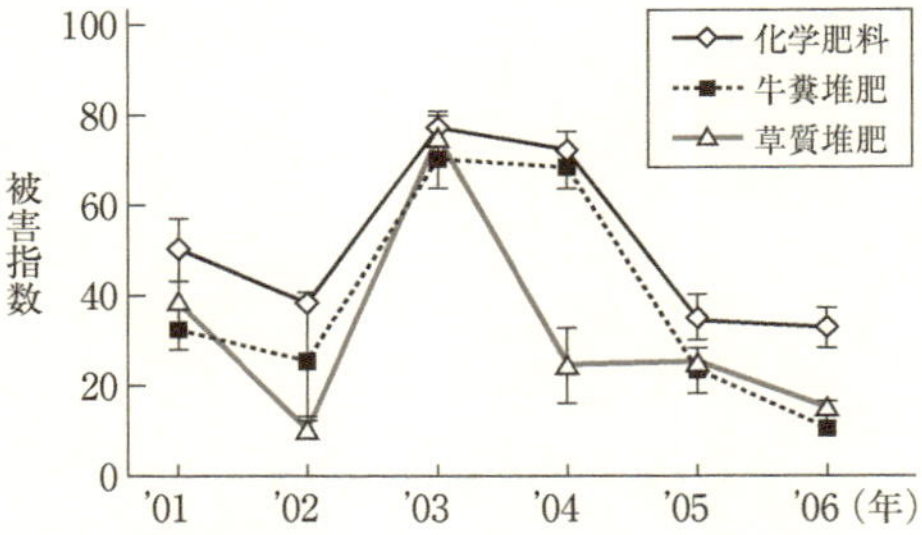

図6－6　春ダイコンのキスジノミハムシ被害

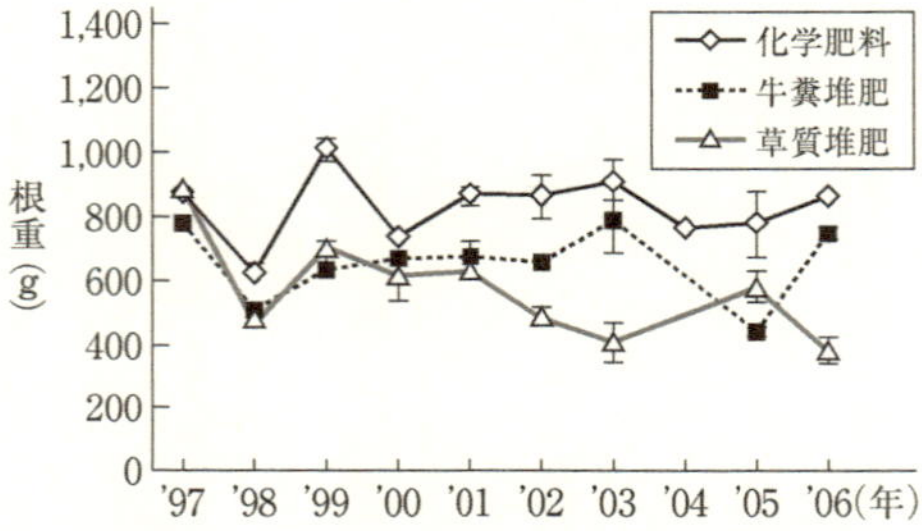

図6－7　春ダイコンの収量（根重）の年次変動

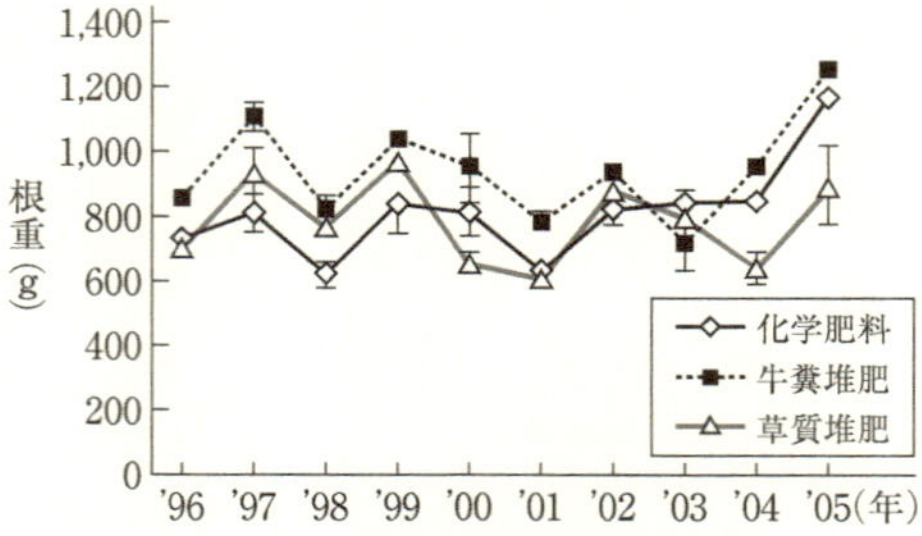

図6－8　秋ダイコンの収量（根重）の年次変動

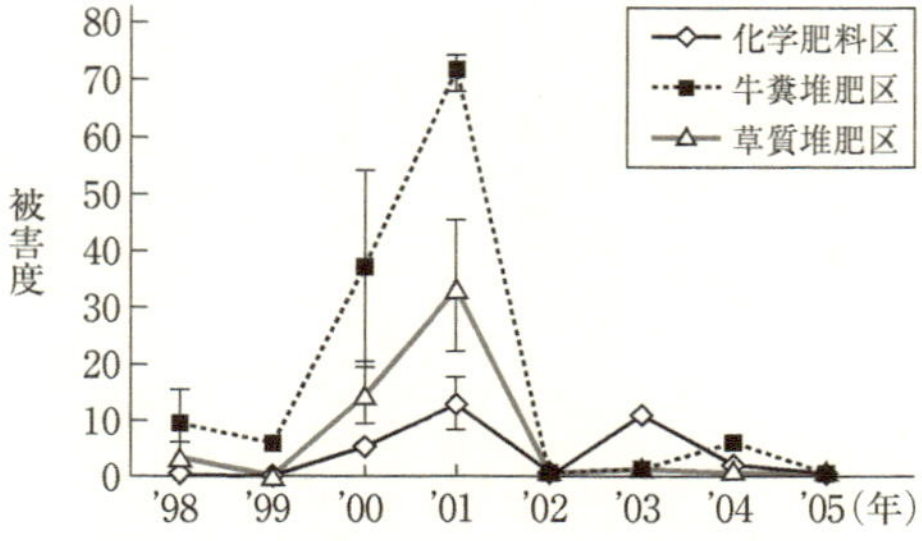

図6－9　秋キャベツ菌核病被害の年次変動

（2）キャベツ

①病害虫の発生推移（発病衰退現象）

キャベツは、連作3～4年目の秋作キャベツで菌核病被害が激発しました。さらに連作することで5年目には被害がほとんどみられなくなりました。

キャベツの菌核病菌は、菌核の形で長い間土壌中に残存するといわれています。連作4年目は菌核病の発生が激しく、被害株には多数の菌核が形成され、これが土壌中に鋤き込まれました。5年目は当然菌核病が多発するはずでしたが、まったく発病せず発病衰退現象がみられました（図6－9）。

②収量の推移

キャベツの収量は、春作では、連作3年間は収量の低下がみられ、いわゆる「連作障害」のような現象がみられますが、4年目からは増加に転じました。春作では化学肥料が、堆肥に比べて収量が多く、その生育差は連作を重ねるにしたがい縮小しました。

秋作では、4～5年間は連作による変化はみられず、全般的に化学肥料より牛糞堆肥や草質堆肥で収量が多い傾向です（図6－10、6－11、6－12、6－13）。

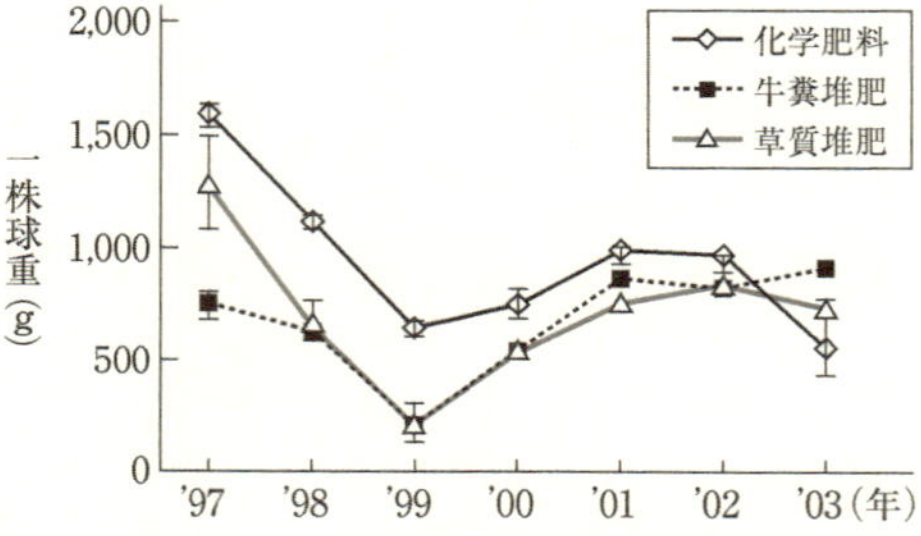

図6－10　春キャベツの収量（一株球重）の年次変動

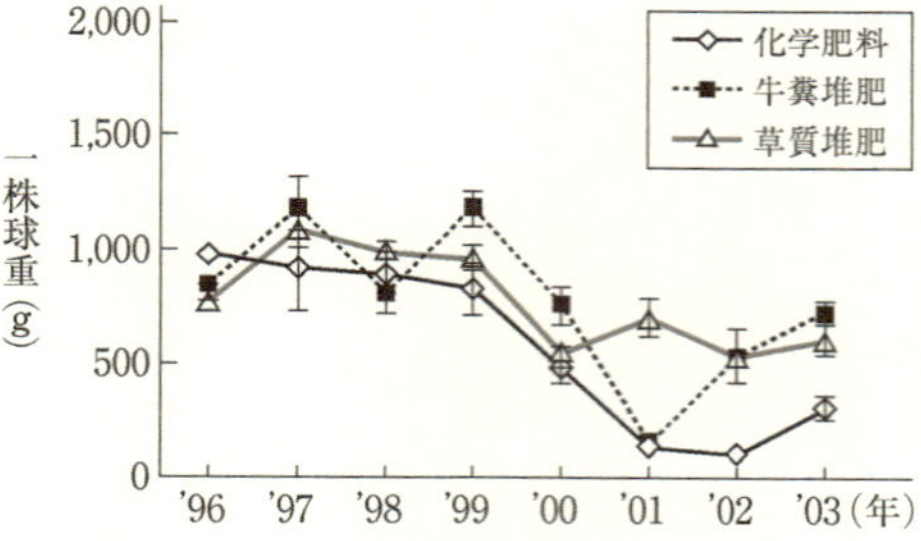

図6－11　秋キャベツの収量（一株球重）の年次変動

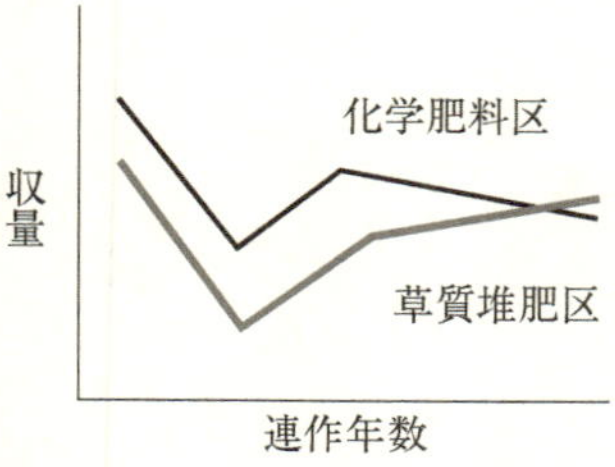

図6－12　春キャベツ収量変動の模式図

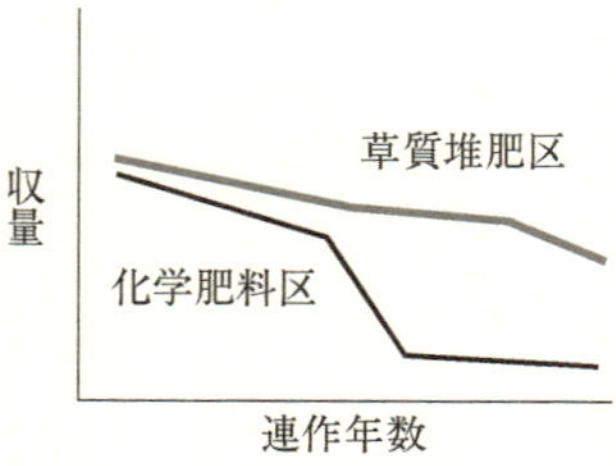

図6－13　秋キャベツ収量変動の模式図

（3）コムギ

①病害虫の発生推移（発病衰退現象）

コムギ立枯病が連作3年目で急増しましたが、連作4年目には急激に減少して、発病衰退現象がみられました（図6－14、6－15）。

②収量の推移

コムギの収量は2年目に減少し、その後はほとんど変動せず安定しました。肥料別の収量では、化学肥料に比べて堆肥の収量が高く推移しました。これはムギ類が腐植を消費するためと思われました（図6－16）。

（4）ダイズ

ダイズは連作障害が発生しませんでした。収量は連作3年目までは減少し、4年目に増加しましたが、5年目以降再び減少しました。

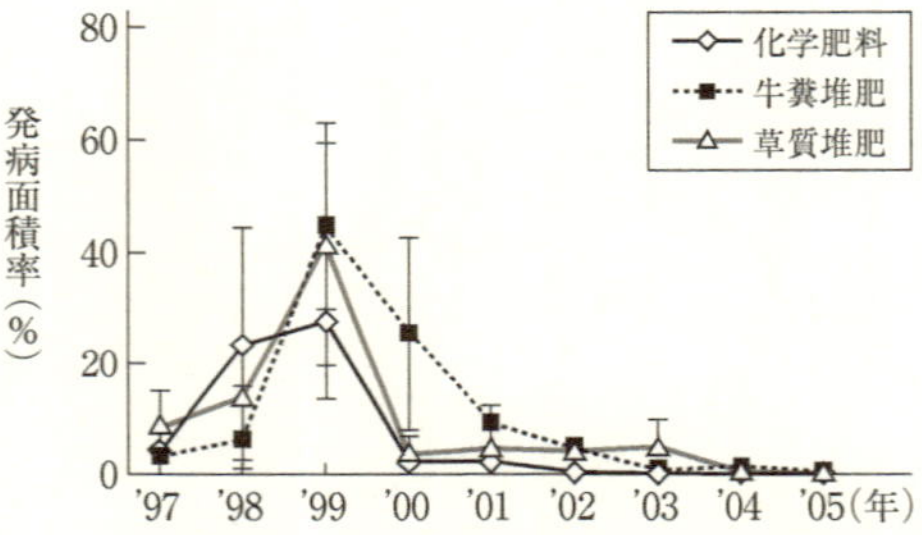

図６－14　コムギ立枯病発病面積率の年次変動

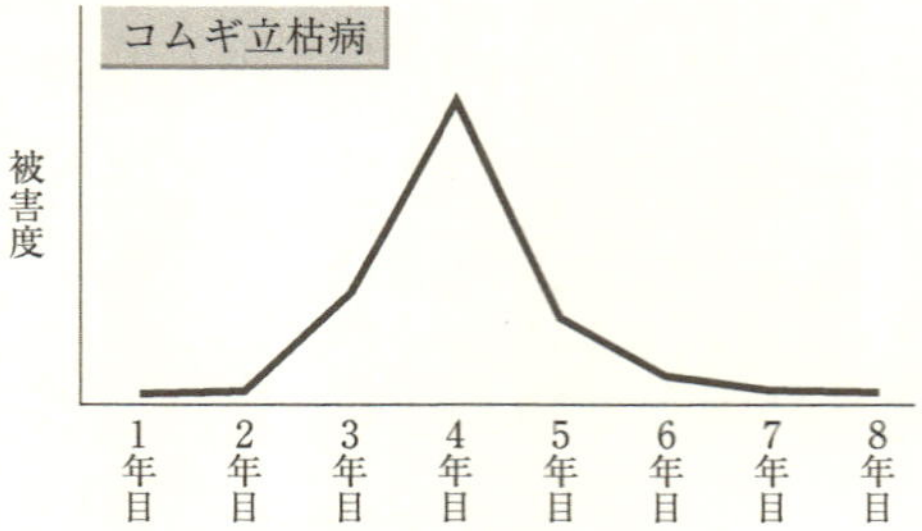

図６－15　コムギ立枯病発生の模式図

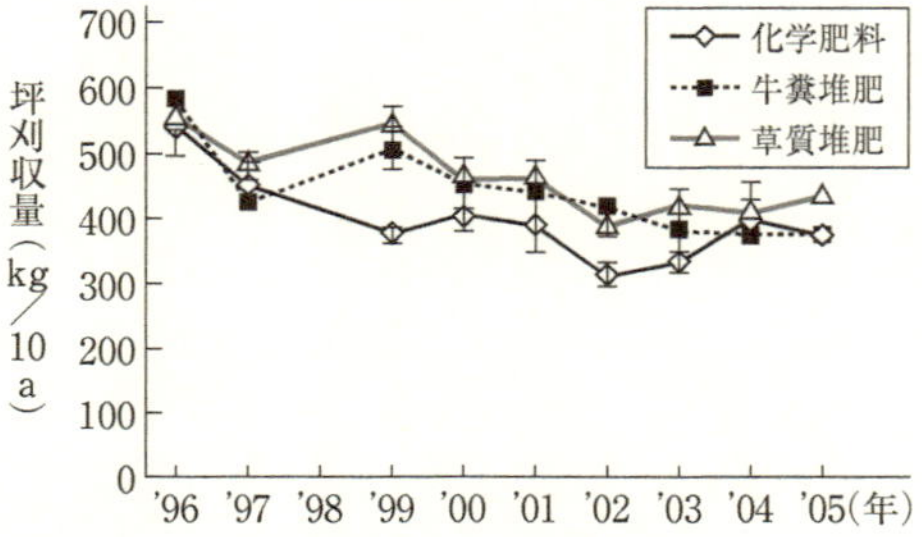

図６－16　コムギ収量の年次変動

処理方法	処理前発病	1回目発病	2回目発病	3回目発病	4回目発病
生で鋤き込み	55.6	61.1	38.9	27.8	0
乾燥後鋤き込み	55.6	61.1	72.2	66.7	66.7
残渣を持ち出し	55.6	50	55.6	72.2	66.7

表6－3　トマト萎ちょう病の残渣処理とその後の発病（1処理18株の発病株率％）

発病残渣の影響

連作を続けると病害虫や土壌病害などの障害が発生しますが、さらに連作を続けると発病衰退現象が現れ収量が増加することを説明しました。土壌病害とは、主に土壌中の微生物（病原菌など）によって作物が病害に侵されることを指します。土壌病害に侵された場合、その収穫残渣（発病残渣）は、次の作付けにどういう影響を及ぼすのでしょうか。

これについて、土壌病害に侵された収穫残渣の処理方法と発病との関係を調べました。トマト萎ちょう病に侵された畑において、発病残渣（病株）を生で鋤き込む、発病残渣を乾燥後鋤き込む、発病残渣を持ち出す、の3つの処理をおこない、それを繰り返し、土壌での発病率の推移を調べたものです。その結果、乾燥後鋤き込みと発病残渣を持ち出した区域では、第4回目の作付けでも高い発病率を示しましたが、発病残渣を生で鋤き込んだ場合は作付けの回を追うごとに発病率が下がり、4回目の作付けではまったく発病しませんでした（表6－3）。

このことは、発病残渣が乾燥した場合は、病原菌が耐久体を形成して、土壌中で生き残れるのに対して、発病残渣が生の場合は、病原菌が耐久体を形成していないため、土壌中の拮抗菌などとの競合に勝てないためと考えられます。また、発病残渣の持ち出しは、地上部は持ち出せるものの、地下（根）のほとんどの部分は畑に残ってしまうため、病原菌が根で耐久体を形成して生き残るためと思われます。

病原菌の繰り返し接種

ホウレンソウ立枯病の病原菌をあえて繰り返し土壌に接種した実験では、1回目の接種では明らかに発病しますが、2回目接種以降は徐々に発病が減少し、4回目の接種では経済的防除水準以下の発病となりました。

また、病原菌を接種するたびに、病原菌を採取できる確率（再分離率）が低下しました。細菌や糸状菌などの土壌微生物や拮抗菌の密度を調べてみると、いずれも変化がないことから、病気を発生させる力の弱い、弱病原性因子を持つ系統が菌糸融合することで、弱病原性に変化したものと考えられます（図6－17、6－18）。

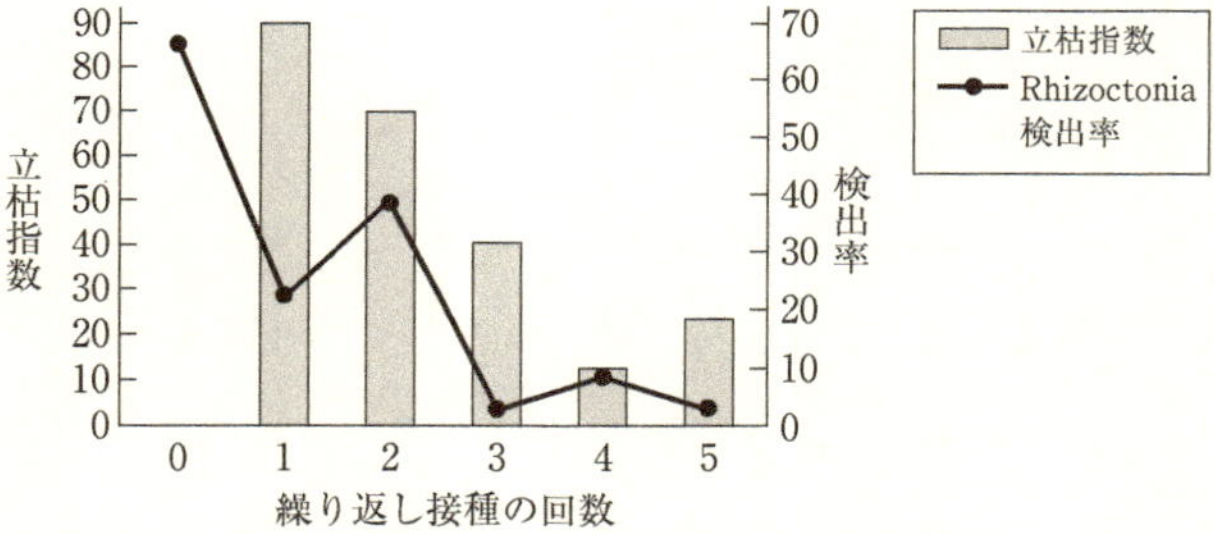

図6－17　繰り返し接種土壌からの病原菌検出率

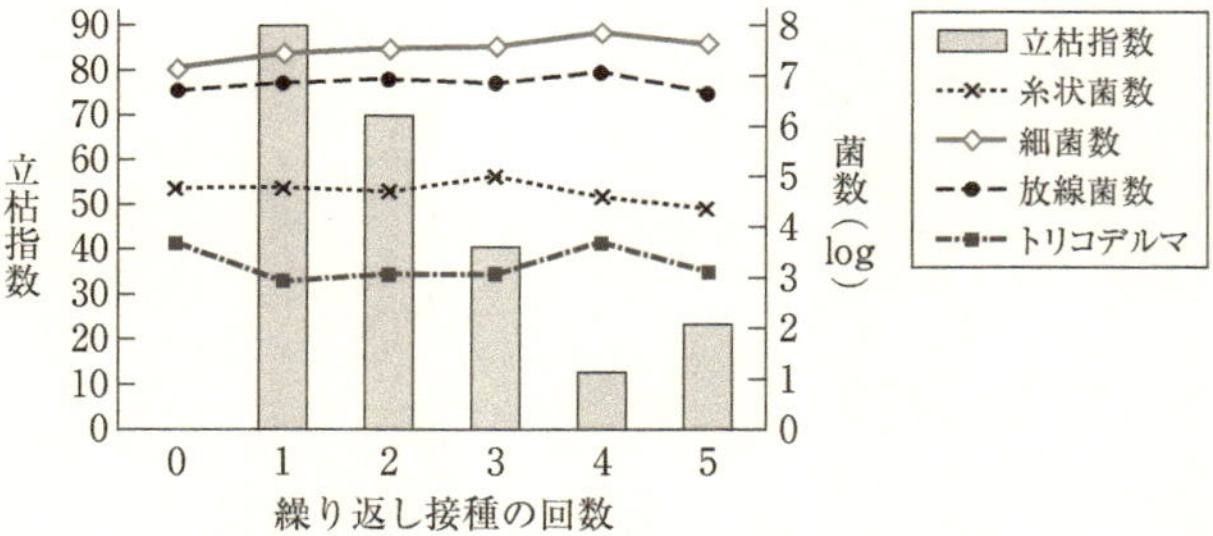

図6－18　繰り返し接種による微生物数の変化

連作・輪作と微生物の多様性

少し前まで、連作は微生物を単純化して土壌病害などの連作障害を発生させ、輪作は微生物を多様化すると考えられてきました。しかし、ここまでの説明で、こうした「常識」がかならずしも正しくないことにお気づきでしょう。

実際に、連作と輪作を直接比較した実験データも紹介します。牧草地だった場所にダイズとサツマイモ（甘藷）をそれぞれ4年間連作した土壌と、ダイズ→サツマイモ→キャベツ→ダイズと、サツマイモ→キャベツ→ダイズ→サツマイモ、とした輪作土壌の微生物を調べました。

結果としては、牧草地からダイズとサツマイモに替えた1作目はいずれの処理でも微生物の多様性は減少しましたが、2作目からは連作と輪作に関係なく、年々多様性が増加しました。このように、「連作＝微生物の単純化」ではなく、耕して栽培を続けることは、輪作・連作にかかわらず微生物を多様化させることが明らかになったのです（図6－19）。

しかし、連作や輪作に弊害があるのも事実です。その対策について説明していきましょう。

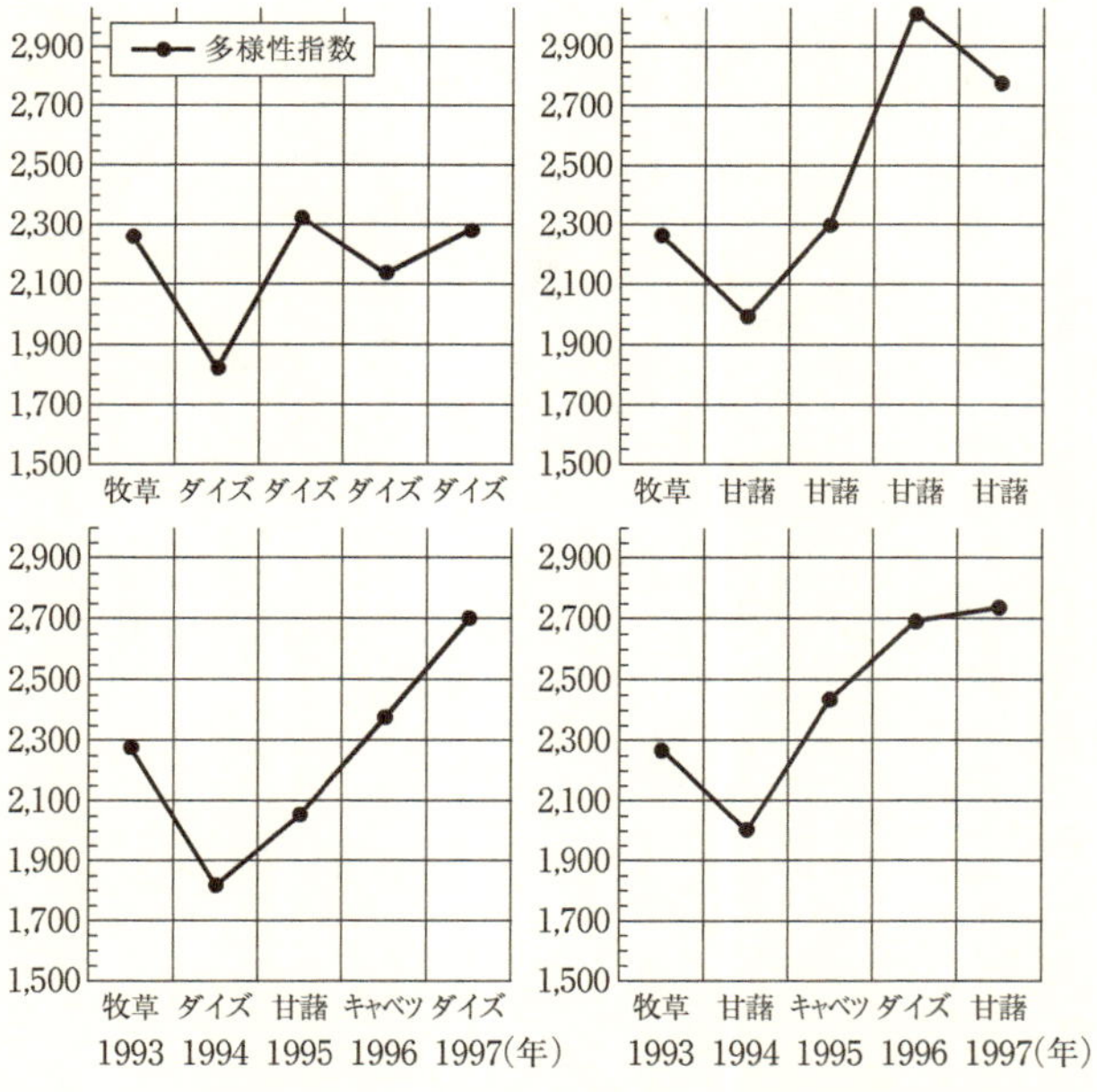

図6－19　作付け体系による単年度の土壌細菌群種多様性の推移。連作、輪作いずれも年々多様性が増している

6-4　連作・輪作の弊害への対策

連作の弊害への対策

同じ菜園に同じ野菜を続けて栽培すると、3～5年目に生育不良となる現象が生じます。病害虫の発生が主な原因ですが、これに対しては、土壌消毒や抵抗性品種などの対策技術が開発されています。巻末資料5に、連作で発生する病害虫と、その主な対策についてまとめました。

たとえば、ダイコンを連作すると3～4年目ごろ、白い斑点を多数生ずることがあります。これはネグサレセンチュウが寄生したために生ずる障害です。ネグサレセンチュウの被害がみられたら、夏期にマリーゴールドを栽培して鋤き込みます。マリーゴールドの根にはネグサレセンチュウが誘引されて、根の中で死滅します。

スイカは深い位置に根を伸ばすため、根が分解されずに残り、連作障害が発生しやすい野菜です。連作でつる割病が発生したら、抵抗性台木に接ぎ木した苗を用いるか、あるいは長ネギを混植して防ぎます。台木とは、接ぎ木の際に、接ぎ木植物の地下部となる植物のことです。抵抗性台木は、根に寄生する病虫害に対して抵抗性を持つ台木で、つる割病に対してはユウガオなどが該当します。

ジャガイモも連作障害のそうか病が発生しやすい野菜です。ジャガイモの表面がザラザラしてきたら、そうか病と考えられます。健全な種芋を選び、臍の部分を切り落とし、ストロンから縦に切断します。切り口を上に、芽を下にした「逆さ植え」で植え付けます。こうすると、抵抗性が誘導されて病原菌に感染しにくくなります。

トマトやナスも連作障害の萎ちょう病などの土壌病害が発生しやすい野菜です。生育不良となり枯れる株が発生したら、土壌病害と考えられます。それぞれの抵抗性台木に接ぎ木した苗を用いるか、あるいはトマトはニラ、ナスは長ネギを混植して防ぎます。

タマネギは連作で品質が向上する野菜ですが、時として、スリプス（アザミウマ）が発生し、葉がカスリ状となり、玉の肥大が抑制されます。スリプスはタマネギの畝間におとり植物のクレムソンクローバーを間作して防ぎます。

輪作の弊害と対策

輪作には、連作とは違った難しさがあります。輪作は同じ菜園に異なった作物を栽培しますが、作物は種類によって適応する土壌条件が異なりますので、複数の作物に適した菜園の選定は簡単ではありません。

また、ほかの野菜を排除する他感作用（アレロパシー）物質を産生する作物もあります。ソバ、トマト、サツマイモなどが該当します。これらの作物と輪作すると、後作の生育が極端に悪くなる場合があるのです。さらに、病害虫の寄生性が同じである場合、輪作することで病害虫を増加させることがあります。輪作をするときは、こうしたアレロパシーを産生する作物を避ける対策が必要になります。アレロパシーについては、詳しい定義は省略しますが、「ある作物の産生物質がほかの作物に影響を与える」という程度の認識でいいでしょう。

後作については、残肥の影響についても考慮します。秋〜冬作でホウレンソウやブロッコリーなどを栽培した場合は残肥が多くなりますので、低栄養を好むサツマイモやダイズなどを栽培する場合は無肥料で栽培します。

連作と輪作はどちらが優れているのか？

連作と輪作ではどちらが優れているのか、という疑問をお持ちの方もおられるでしょう。連作と輪作で栽培された農作物の収量、品質、生産の安定性などを比べると、いずれも連作が勝っています。ただし、3年以上連作し、発病衰退現象を経過して生産が安定した場合に限ります。連作は続けることで効果が出てくるのです。

生産者は連作が高品質・高収量であることを経験的に理解しています。しかし、その地域で栽培されたことのない作物を初めて栽培した場合、最初はよく収穫できますが、連作を続けると、次第に減収・低品質になることも知っています。これが、連作だけでなく輪作も奨める経済的あるいは経験的な理由になっています。

したがって、連作と輪作はどちらが優れていると比較する対象ではなく、必要に応じて使い分けるものだといえます。

6-5　連作を利用した作付け計画

家庭菜園向けの連作方法

連作を利用した家庭菜園の作付け計画を考えてみましょう。まずは、連作障害がほとんど発生しない野菜を選びます。サツマイモ、カボチャ、タマネギ、ニンジン、ダイコンなどは連作すると品質が向上しますので、最初はこうした収量が増加する野菜類を連作するようにします。

ここで連作が可能なことを実感できたら、次の野菜類に挑戦します。サトイモ、ジャガイモ、トマト、ナス、エンドウなどは連作障害の発生しやすい野菜類ですが、抵抗性品種や抵抗性台木を用いるか、土作りで連作障害を回避します。

また、収穫残渣は収穫終了後、乾燥させないで生のまま鋤き込み分解させます。こうすることによって、菜園の物質循環を図り、土壌中に拮抗菌を定着させます。対策を講じて連作を続けると、4～5年目には連作が可能な、発病抑止型土壌の土壌微生物相に遷移します。

草は抜き取らず、繁茂してきたら地上部を刈り取り敷き草として利用し、土壌表面に直接太陽光線があたらないようにします。こうすると、土壌微生物が紫外線や乾燥から守られ、連作しやすい微生物相が維持されます。

耕耘は土壌生物相を攪乱させ、連作障害を発生させる原因となります。そのため、耕耘は必要最小限にとどめ、堆肥や肥料の施用時や、定植や播種時などのみにします。

なお、土壌消毒はせっかく繁殖した拮抗菌など善玉の微生物を含め、すべての土壌微生物をリセットすることになるため、極力おこなわないようにします。もし、土壌消毒をおこなった場合は、消毒後、微生物に富む完熟堆肥を施用して、微生物相を復活させます。

作付け計画

家庭菜園ではまず食べたい野菜や作りたい野菜を選定します。次に前後作を考えて栽培可能な組み合わせを作り、1～3年間の栽培スケジュールを作成します。

表6－4は播種・定植の時期と収穫・栽培終了時期の月別一覧表です（中間地帯）。家庭菜園は少量多品目栽培ですので、野菜類を年間2～3回作付けします。この場合、しっかりした栽培計画を立てることが大切です。播種や定植、収穫の時期を事前に計画し、土作りも適切なタイミングでおこないます。

主なローテーションの栽培計画を紹介します。栽培時期は地域によりズレがありますので、目安として下さい。

（1）3年間の作付け計画

3月下旬ジャガイモ植え付け↓6月中旬収穫↓耕す↓7月上旬サツマイモ定植↓10月中下旬サツマイモ収穫↓耕す↓11月上中旬レタスやミズナを定植（トンネル栽培※）↓2～3月レタス収穫↓堆肥を散布して土を作り↓4月下旬トマト、ナス、ピーマンなどを定植↓7～11月上旬収穫

月	作業項目	作業の内容
7月	上旬植え付け	秋ナス→収穫：8月下旬～10月下旬
		秋キュウリ→収穫：8月下旬～10月下旬
	下旬播種	キャベツ（苗作り）
		ブロッコリー（苗作り）
		ハクサイ（苗作り）
8月	上旬播種	ソバ→収穫：10月下旬
	中下旬播種	ダイコン→収穫：12～1月
		ニンジン→収穫：12～3月
		ホウレンソウ→収穫：12～3月
9月	上旬植え付け	ジャガイモ→収穫：11月下旬
	中旬植え付け	ブロッコリー→収穫：12～3月
		ハクサイ→収穫：12～2月
		キャベツ→収穫：12～2月
		ラッキョウ→収穫：6月中旬
		ニンニク→収穫：6月中旬
10月	上旬植え付け	イチゴ→収穫：5月上旬～6月上旬
	中下旬播種	ヘアリーベッチ（緑肥）→刈り取り：4～5月
		クレムソンクローバー（緑肥）→刈り取り：4～5月
11月	上旬植え付け	レタス→収穫：2～3月
	中旬植え付け	タマネギ→収穫：6月中旬
	下旬播種	ソラマメ→収穫：5月中旬～6月中旬
		エンドウ→収穫：5月上旬～7月中旬
11月下旬～12月上旬		ムギ類を播種（コムギ、オオムギ、エンバク、ライムギ）→収穫：6月中旬
		緑肥として刈り取る場合：4月上中旬

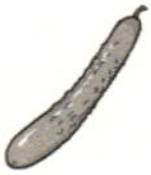
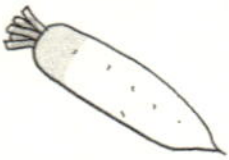

月	作業項目	作業の内容
1月	中下旬播種	春キャベツ（苗作り）
		春ブロッコリー（苗作り）
		春レタス（苗作り）
2月	中下旬播種	トマト（苗作り）
		ナス（苗作り）
		ピーマン（苗作り）
3月	中旬植え付け	春キャベツ→収穫：6月中下旬
		春ブロッコリー→収穫：6月中下旬
	下旬植え付け	春ジャガイモ→収穫：6月中下旬
	下旬播種	春播きエンドウ→収穫：6～7月
4月	上旬播種	カボチャ（苗作り）
		キュウリ（苗作り）
		ズッキーニ（苗作り）
		ゴーヤー（苗作り）
	下旬植え付け	トマト→収穫：7月上旬～10月下旬
		ナス→収穫：6月中旬～10月下旬
		オクラ→収穫：7月中旬～10月下旬
		ピーマン→収穫：7月上旬～11月下旬
5月	上旬植え付け	キュウリ→収穫：6月中旬～8月下旬
		カボチャ→収穫：9月上旬～11月下旬
		ズッキーニ→収穫：6月中旬～10月中旬
		トウモロコシ→収穫：8月上中旬
	下旬植え付け	ゴーヤー→収穫：7月下旬～10月下旬
6月	上旬植え付け	インゲン→収穫：7月中旬～10月下旬
		エダマメ→収穫：8月上中旬
		サツマイモ→収穫：10月中下旬

表6－4　播種・定植の時期と収穫・栽培終了時期の目安

↓耕す↓12月上旬タマネギ定植（クレムソンクローバーを畝間に播種）↓6月中旬タマネギ収穫↓堆肥を散布し、緑肥（エンバク、クロタラリア）を栽培↓8月中旬緑肥を鋤き込む↓9月中旬ブロッコリー、ハクサイ、キャベツを定植↓12～2月収穫（ブロッコリーは腋芽を含め収穫）↓耕す↓（3月下旬：最初のジャガイモに戻る）。

※トンネル栽培とは、畝をビニールなどでトンネル状に覆って作物を栽培する方法です。

（2）2年間の作付け計画

4月下旬～5月上旬サトイモ、ショウガ、ラッカセイ、長ネギを植え付け↓10月中下旬収穫↓11月中旬オオムギ、コムギ、エンバクなどを播種↓4月上旬ムギ類の畝間にダイズ、トウモロコシを播種↓6月中旬ムギ類の刈り取り↓7月下旬～8月上旬ダイズ、トウモロコシ収穫↓堆肥を散布して土作り↓9月中旬ダイコン、コマツナ、ニンジン、ホウレンソウを播種↓12～3月収穫↓堆肥を散布して土作り↓（5月上旬：最初のサトイモ、ショウガ、ラッカセイ、長ネギに戻る）。

（3）1年間の作付け計画

（A）11月中下旬ソラマメ、エンドウ播種↓4～6月収穫↓耕す↓7月上旬秋ナスや秋キュウリを定植↓8～10月ナスやキュウリ収穫↓耕す↓（11月中下旬：最初のソラマメ、エンドウに戻る）。

（B）6月中旬インゲン、オクラ、ゴーヤー定植↓7月下旬～10月下旬収穫↓耕す↓11月中旬早生種のタマネギ定植（クレムソンクローバーを畝間に播種）↓5月下旬収穫↓（6月中旬：最初のインゲンなどに戻る）。

（4）収穫期間までが長い野菜

植え付けから収穫までの期間が長い野菜は年1回の作付けになりますが、次作までの期間に緑肥などを栽培して土作りをおこないます。

（A）9月中旬ラッキョウ、ニンニクを植え付け（レンゲを畝間に播種）↓6月中旬収穫↓堆肥を散布し、緑肥（クロタラリア）を栽培↓8月中旬緑肥を鋤き込む↓（9月中旬：最初のラッキョウなどに戻る）。

（B）10月中旬イチゴを定植↓5～6月収穫↓堆肥を散布し、緑肥（ソルゴー）を栽培↓8月中旬緑肥を鋤き込む↓（10月中旬：最初のイチゴに戻る）。

（5）連作で品質が向上する野菜

（A）11月タマネギ植え付け↓6月収穫↓耕す↓8月中旬ダイコン播種↓10月収穫↓堆肥を散布して土作り↓（11月：最初のタマネギへ戻る）。（冬タマネギと夏ダイコンの連作）

（B）6月サツマイモ植え付け↓10月収穫↓耕す↓11月レタス定植↓3～4月収穫↓耕す↓（6月：最初のサツマイモへ戻る）。（夏サツマイモと冬レタスの連作）

コラム6　連作・輪作の成功・失敗体験

ジャガイモは早春に植え付け初夏に収穫するため、後作にダイコンやニンジン、ブロッコリーやハクサイなど秋野菜を作付けすることが多くなります。秋野菜は同じ場所に少量多品目栽培となりますので、連作を避けてローテーションしますが、ジャガイモは保存性が良いため広い面積で栽培するので連作になりがちです。

ジャガイモは連作障害が発生しやすい野菜といわれていますが、著者の栽培ではこれまで連作障害が発生したことはありません。栽培方法は伝承技術の臍切りと逆さ植え（前著『伝承農法を活かす家庭菜園の科学』参照）をおこなっていますが、本方法が連作障害を回避しているものと推測しています。また、エンドウは連作障害が発生しやすく、2作目にはほとんどの場合生育不良となります。ところが、草生でエンドウを栽培すると連作障害が発生しにくくなります。

土の力を回復するため、冬期間にクレムソンクローバーやヘアリーベッチを栽培し、これを鋤き込んで土作りをする場合があります。ヘアリーベッチは春に作付けする野菜類のトマトやナスなど移植する野菜にはほとんど影響を与えませんが、ニンジンを播種した場合に全く発芽しなかった経験があります。ヘアリーベッチの茎葉にはシアナミドが含まれ、これが、ニンジンの発芽を抑制したのです。また、サツマイモやトマトの後作に栽培した野菜類の多くが、他感作用のため生育不良となりました。

第7章　土の力を活用した家庭菜園

7-1　原産地から考える

原産地を知る

本書冒頭でも述べました通り、日本で栽培され流通している野菜は80種類程度です。そのうち、家庭菜園で栽培されている定番野菜類は30数種類程度になります。

果菜類はトマト、キュウリ、ナス、ピーマン、シシトウ、ダイズ、インゲン、トウモロコシ、ゴーヤー。根菜類はジャガイモ、サツマイモ、サトイモ、ダイコン、ニンジン。葉菜類はハクサイ、キャベツ、ホウレンソウ、コマツナ、ネギ、タマネギなどといったところです。こうした野菜は海外から導入されたものが多く、日本が原産地のものは多くはありません。

このように、農作物にはそれぞれ原産地があり、原産地では人の手が加えられない状態でも植物は自然に繁殖することができます。植物は、種子、葉、茎、根などの形状を、その土地に適応するために発達・進化させています。

たとえば、沖縄県の海岸に繁殖するマングローブ（ヒルギ科）の種子はロケット型であり、回転しながら、散布されて土に突き刺さります。こうすると、潮の満ち引きによって流されることなく繁殖することが可能です。また、トマトは葉や茎などが細かい毛で覆われています。原産地のアンデスは雨がほとんど降りませんが、霧がよく発生するので、毛から水分を吸収するシステムが備わっているのです。

ところが、梅雨のある日本では雨がよく降ります。そのため、日本でトマトの夏秋栽培をおこなうと毛から水分を多量に吸収して過繁茂になってしまいます。それを防ぐ手段として、農家では、トマトを雨除け栽培しています。

トマトに限らず、農業では、野菜を原産地と異なった土壌、気候、生物生態条件下で栽培することが多いといえます。すると、作物はその場所で生き残るための営み（適応）をはじめます。適応できた作物は生き残りますが、適応できなかった作物は生育不良や病害虫などが発生し、やがて消滅します。

原産地の条件を無視しても栽培を可能にしたのは農薬と化学肥料です。また、地域適応性を早める方法として育種があります。しかし、現代の品種は農薬と化学肥料があることを前提に育成されてきたため、地域適応性以上に農薬と化学肥料への依存が強い品種です。

植物は種子の大きさや形（大きい・小さい、毛の有無など）、形成量や生殖方法（1莢の種子数、単性など）が異なります。また、葉では大きさや形、ワックスの有無、根では深根や浅根等々もそれぞれに特徴があります。ダイズは1莢に2～3粒、ダイコンは1莢に3～5粒入っている、などを知ることによって、播種方法やその後の管理が想定できます。

一年生と多年生

植物は大きく木本類と草本類に分けられ、木本類は常緑樹と落葉樹に分けられます。たとえば、ミカンやビワは常緑果樹、ナシやリンゴは落葉果樹です。多くの場合、木本類は多年生で、草本類は一年生（一年草）です。野菜類はほとんどが草本類ですが、草本類の野菜にも多年生（多年草）が数多く存在します。

多年草は一度植え付けると長い間栽培することが可能です。しかし、日本にはしっかりした四季があり、冬を越せずに枯れてしまうため、トマトやナスのように一年草と思われている野菜も数多くあります。一年草は花が咲くとその野菜の一生は終わり枯れますが、多年草は2年以上生存できる野菜です。冬に枯れても、地下部が生き残って春に再び芽を出すのも多年草の野菜です（表7－1）。

多年草野菜は生育温度が十分保てれば、次々と花を咲かせ、いつまでも収穫することができま

多年生の野菜
イチゴ、ショウガ、セリ、ミツバ、ワサビ、スイゼンジナ、チコリ、レタス、アーティチョーク、チョロギ、ウド、ニラ、ネギ、ワケギ、アサツキ、ラッキョウ、サトイモ、ジャガイモ、サツマイモ、コンニャク、ヤーコン、キクイモ、ルバーブなど
冬期間は地上部が枯死するが春に萌芽する多年生の野菜
アスパラガス、コンフリー、フキ、ミョウガ、ヤマイモなど
寒さのため冬枯れてしまうが多年生の野菜
ツルナ、クウシンサイ（ヨウサイ）、トマト、ナス、ピーマンなど
多年生の野菜だが一年生として扱われる野菜
キャベツ、ブロッコリー
一年生の野菜
スイカ、キュウリ、カボチャ、メロンなどのウリ科野菜、ダイズ、インゲン、エンドウ、ソラマメなどマメ科野菜

表7－1　多年生と一年生の野菜

す。このため、ナス、トマト、ピーマンなどは同じ株を用い長期間収穫することが可能です。たとえば、露地栽培のトマトやナスは夏が過ぎて秋になり霜が降りると枯死します。ところが、加温し、生育可能な温度で栽培すると、次々と花を咲かせ、いつまでも収穫することができます。

球根性多年草の野菜は植え替えないでそのまま生育させると、老化して花を咲かせます。ショウガ、ラッキョウ、コンニャク、サトイモを植え替えないで生育させると、2～4年目に花を咲かせます。ところが、分球や分割すると若返って花は咲きません。

たとえば、ショウガは分割しないと老化して、ミョウガのような花を株元に咲かせますが、分割して植えると若返って花は咲きません。コンニャクやサトイモは親芋を種芋にすると花が咲きます。

ラッキョウも同じように分球せずに植え付けると老化して花を咲かせますが、分球すると若返って花は咲きません。このような性質をうまく利用して、花ラッキョウ、大玉ラッキョウ、島ラッキョウは栽培されています。

7-2 野菜と土の力を活かす

栄養生長と生殖生長

植物は発芽前後から苗の時期に、その土地の環境条件（土壌理化学性や生物性、温度や水分などの気候条件）に適応しようと、対応する遺伝子を発現させます。このとき発現した遺伝子はその後も発現し続けるため、苗時期の環境条件はその後の生育に大きな影響を及ぼします。

植物には栄養生長と生殖生長という、相反する生育ステージがあります。栄養生長とは茎や葉などを作る時期で、生殖生長とは花から実を作る時期です。生育条件が良いと、いつまでも栄養生長を続けますが、生育条件が悪くなると、生殖生長がはじまり、花を咲かせ子孫を残そうとします。その植物が一年草であると、花を咲かせると一生は終わります。

サトイモ、ショウガ、ラッキョウなどの多年草は生育スペースが十分あると栄養生長を続けますが、株が混み合って生育スペースが小さくなると、花を咲かせ、種子を散布して新しい繁殖地に分散しようとします。また、一年草と思われている多年草のナス、トマト、ブロッコリーは生育温度が確保されれば、いつまでも花を咲かせて実を結び続けます。

農業にはさまざまな伝承技術があります。伝承農法は野菜の生理・生態を上手に利用した方法であり、野菜の活力をアップさせます。以下では、土の力を活かす伝承農法について考えてみましょう。

自然暦の活用

植物は種の繁栄のため、個体にとって最適な土壌条件や気候条件が整ったとき発芽してその土地で繁殖します。気候条件が整っていない低温期には、地力窒素が有効化されていないわけですが、農業では化学肥料を用いて播種や定植を可能にしています。

化学肥料を使わずに、無肥料や有機質肥料を用いて栽培する場合は、最適な土壌条件や気象条件となるタイミングが大事です。そのためには、作物ごとの適期を知る必要があります。伝承農法では、たとえば山に白馬の姿ができるくらいの雪解けになったら苗代作りをする、カッコウが初鳴きしたらダイズの播種をはじめる、などといった生物指標を用いて播種や定植時期を決めてきました。こうした生物指標を「自然暦」といいます。自然暦の適期は、土壌の力を引き出しやすい時期といえます。

自然暦は地方によって異なります。各都道府県の自然暦を調べた結果、和歌山県が最も多く、次が雪の多い青森県でした。自然暦は気象条件が厳しく適期の短い地域で発達したもので、気象条件が良く適期の長い地域にはあまり存在しません。気象条件の厳しい雪国の新潟県や山形県が多いのは理解できますが、西南暖地の福岡県と鹿児島県が多かったのは意外でした。

指標には鳥と花が多くあります。鳥の指標ではカッコウとツツドリなど托卵する鳥が多く、花では日本人が好むサクラが最も多かったのは印象的です（表7－2、7－3、7－4）。自分が住んでいる土地の自然暦を調べてみると、野菜作りに役立てることができるでしょう。

地力窒素が有効化する時期を狙う

早春に播種あるいは定植する野菜類では地力窒素の発現する時期によって生育に大きな影響が

出ます。地温が低い間は地力窒素がほとんど発現しませんが、地温が上昇すると微生物が活発になり地力窒素が発現します。土の力がアップするのはこの時期ですので、植え付けもこのタイミングを狙います。

表7－5は、北海道の名寄でのジャガイモの植え付け時期と収量の関係を示したものですが、無肥料で栽培した場合も地力窒素が発現する時期に植え付けると、肥料を施用した場合と同等の収量が得られました。

県別	件数	率(%)
和歌山県	24	13
青森県	21	12
福岡県	18	10
新潟県	13	7
山形県	10	6
鹿児島県	8	4
その他	85	47

表7－2　都道府県別の自然暦

鳥の種類	件数	率(%)
カッコウ	17	32
ツツドリ	8	15
ホトトギス	6	11
アオバズク	2	4
ガン	2	4
その他	18	34

表7－3　自然暦の多かった指標（鳥）

花の種類	件数	率(%)
サクラ	11	22
コブシ	6	12
フジ	6	12
クリ	3	6
ネムノキ	3	6
その他	20	41

表7－4　自然暦の多かった指標（花）

肥料の有無	植え付け時期	収量
有機質を施用	5月21日	380
	5月26日	310
	5月30日	370
肥料は無施用	5月21日	370
	5月26日	350
	5月30日	330

表7－5　植え付け時期とジャガイモの収量（kg/アール）

種子の形成から考える

　種子の形成方法を観察すると、おもしろいことに気がつきます。果菜類は糖類など栄養分に富んだ果実の中に多数形成されます。ゴマやシソは小さい種子が多数作られ、マメ科は莢の中に大きい種子が少数作られます。また、アブラナ科の野菜も莢の形態と種子の量が種類によって異なります。このように、野菜の種類によって種子の形成方法や量が異なります。これには、進化の過程で得た生存戦略の深い意味があります。

　種子が小さく数が多いと、生存上の危険を回避しやすく、また遠くまで分散することも可能です。一方、種子が大きく、栄養分に富んでいれば、痩せ地でも生育可能です。このように種子の性質が異なるため、野菜類は集団で播種されたほうがよく発芽する野菜と、1粒で播種されたほうがよく発芽する野菜があります。また、生育する場合、集団を好む野菜と、孤立を好む野菜があります（表7－6）。こうした特性を利用すれば、野菜の持つ力をよく引き出すことができます。

播種方法	主な野菜
1穴多粒まきを好む	ダイズ、トウモロコシ、ダイコン、オクラ
1穴1粒まきを好む	カボチャ、スイカ、キュウリ、モモ、カキ、クリ
条まきを好む	ニンジン、長ネギ、タマネギ

生育環境	主な野菜
集団を好む	キャベツ、ダイズ、タマネギ、ニラ、ネギ
孤立を好む	ハクサイ、トマト、ハーブ類

表7－6　播種と生育環境。野菜の特性を利用して栽培する

（1）1粒まき

1穴に1粒ずつまくのが「1粒まき」です。カボチャ、スイカ、キュウリなどのウリ科野菜は、1粒まきをすると発芽とその後の生育が良くなります。

ウリ類の種子は、鳥に食べられたとき消化されないように、硬い丈夫な種皮を被っています。ウリ類の胚軸にはペグ（突起）があり、発芽時、種皮を引っかけて外し、土の中に残します。しかし、ウリ類を集団で播種すると、株と株がぶつかり合って、ペグに種皮がうまく引っかからず、子葉についたまま地上に出芽します。子葉に種皮の付いた個体は生育が悪くなり、病害虫に侵されやすくなります。したがって、ウリ類は1粒まきがいいのです。

種子をまき床に平行にまくと、子葉がまき床の両側に向かって広がり、株間がすっきりして風通しが良くなりま

す。逆に、まき床に直角に播種すると、子葉と子葉が触れ合って、隣の生育を阻害します。

（2）多粒まき

1莢にダイコンは3～5粒、エダマメは2～3粒、インゲンは4～8粒の種子が形成されます。トウモロコシには1本に200粒以上の種子があります。これは種子が1ヵ所に数多く散布されることを意味します。したがって、1粒まきより多粒まきのほうが、自然の状態に近いと考えられます。実際、ダイコン、ダイズ、インゲン、トウモロコシにおいて、1穴1粒まきと、1穴3～5粒まき（多粒まき）を比較すると、多粒まきのほうが発芽率・発芽揃いが良くなることがわかります。どのくらいの数の種子をまいたらいいのかは、作物の種類によって異なります。

①ダイコン

1穴に4～5粒播種します。発芽後、本葉が1～2枚のころ、生育の良い3株を残して間引きます。本葉3～4枚のころ、2本を残し、最後は本葉6～7枚のころ、1本立ちにします。なお、ダイコンの側根は子葉が発生した方向から発生するので、子葉が畝と直角に向いた株を残すと、隣の株と養水分の競合が少なくなり、品質が向上します。

②ダイズ

1穴に2～3粒播種し、そのまま株立ちで育てます。こうすると、株同士が競争して根を伸ばすため、根が深い位置まで伸びます。開花期以降に水分が必要なときに深い根が水分を確保するため空莢が少なくなります。

③インゲン

1穴に2～3粒播種し、そのまま株立ちで育てるか、間引いて1本立ちにします。

④トウモロコシ

ポット育苗、直播とも、1ポットあるいは1穴に3粒播種します。発芽して本葉が2～3枚のころ、間引いて1本立ちにします。ポット苗は間引いて1本立ちの株が本葉3～4枚のころ、定植します。

（3）条まき

ニンジン、ホウレンソウ、長ネギ、タマネギは1穂に多数の種子が形成されます。これらの種子では、1粒まきと条まきを比べると、条まきが発芽揃いとその後の生育が良いことがわかります。条まきの方法は、作物の種類によって異なります。

①ニンジン

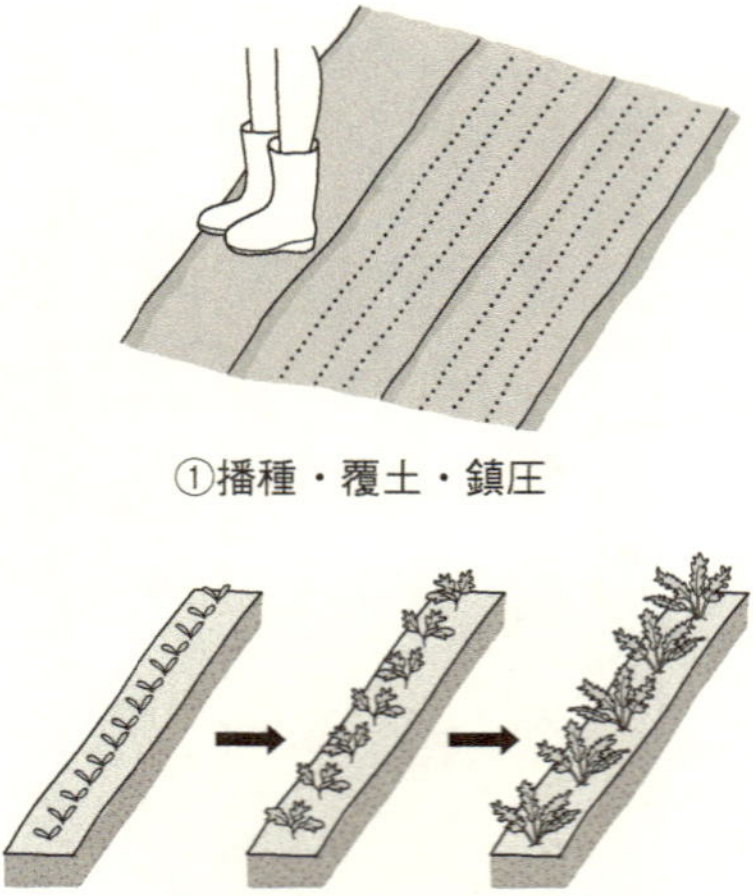

図7－1　ニンジンの条まき。播種のあと土で覆い、鎮圧する。本葉2～3枚目のころに間引きを行う

幅40cm×畝間40cm×高さ10cmの畝を作ります。深さ3～4cmのまき溝を2条作り、0・5～1cm間隔で播種し、よく鎮圧します。本葉2～3枚目のころに、株間2～3cmに間引きます。さらに、草丈4～5cmのころ、株間5cmに間引きし、根の太さが5mmのころ、株間10cmに間引きます（図7－1）。

②ホウレンソウ

発芽が揃うように、板などを使って土の表面を均し、0・5～1cm間隔で条まきし、1cm程度覆土します。土と種子が密着するように鎮圧するか、あるいは十分に散水します。本葉が1枚のころ、株間を3～4cmに間引きます。草丈が5～6cmのころ、株間5～6cmに間引きます。間引き後、条間に油滓を追肥します（図7－2）。

③長ネギ

幅5㎝×深さ2～3㎝のまき溝を作り、1㎝間隔で播種し、不織布やワラで覆います。発芽したら覆いを取り除き、まき溝間にモミガラを敷きます。

④タマネギ

長ネギと同じように、幅5㎝×深さ2～3㎝のまき溝を作り、1㎝間隔で播種し、不織布やワラで覆います。発芽したら覆いを取り除き、まき溝間に油滓を追肥します。

野菜が生育しやすい良い土と環境を

動物は「動く物」であり、移動して自身の生息地を決めることができます。それに対して、植物は「植えられた物」であり、自身で繁殖地を決めることができません。このため、植物の生存に、土は大きな影響を与えます。野菜にとってまったく不適な時期や場所に植えられると、野菜は生育不良となり、やがて

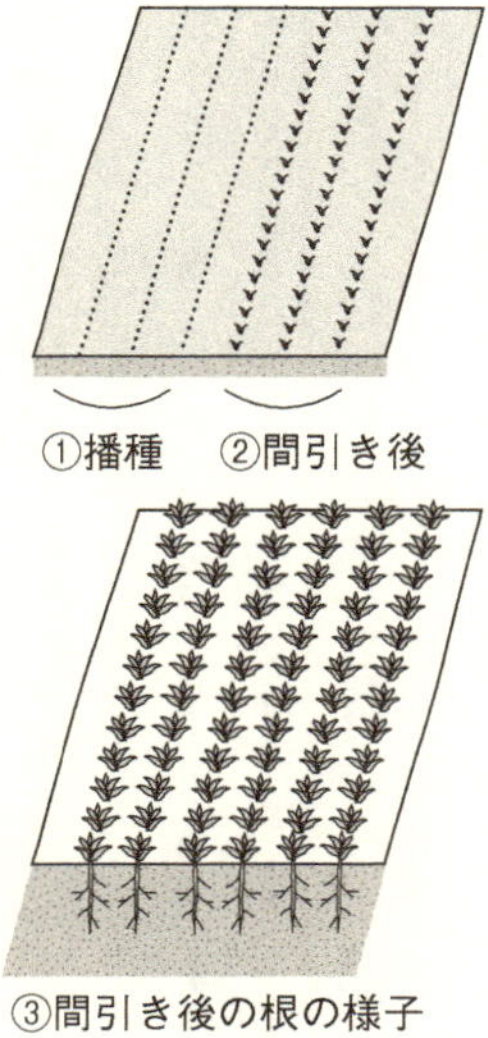

図7－2　ホウレンソウの播種と間引き。草丈が5～6㎝のころ、株間5～6㎝に間引くと根の生育がよい

枯死します。

野菜類の原産地は日本国内は少なく、ほとんどが外国です。このため、最大限の土作りをおこなっても本来の適地にはなりません。また、野菜類は種の繁栄のため茎葉を伸長させ、花を咲かせ実を結びます。しかし、葉物野菜は花芽ができる前に茎葉を収穫します。また、実物野菜もキュウリやナスは未熟な果実を収穫します。このように、野菜類は自然とはかけ離れた状態で栽培されます。

「良い土」を実現するための土作りは野菜類を「栽培」するためにおこなうことであり、けっして自然に近づけるためではありません。肥料や農薬の使用はその典型的なものです。

野菜類は適期や適地でない時期や場所に植えられることが多くなりますので、家庭菜園はまさに試練の場所です。しかし、野菜類を四六時中管理・観察しているわけではなく、人の手による管理は播種、定植、水やり、中耕、誘引、摘芯などほんの少しお手伝いする、限られた作業と時間です。生育するほとんどの時間は野菜自身に委ねられています。

植物は種の分散・拡大のために異なった土に散布されると、その土で繁殖するため、土壌微生物との共生、共栄植物の発芽や生育の促進、対抗植物の排除など、散布された土地が植物にとって都合の良い条件になるよう環境の改変を図り、順化・適応をはじめます。

人間は森林を切り拓き、湖水や潟を埋めて田畑を作り、そこに穀物、牧草、野菜、果樹などを栽培、家畜を飼育し、命を頂いて生存しています。食糧には命があるものなのですが、購入した食糧にはあまり命を感じません。

菜園で野菜本来の適地は作ることができないかもしれませんが、野菜にとって生育しやすい土と環境作りは可能です。家庭菜園で種から育てた野菜は、命を感じながら栽培していると思います。野菜を育てる土、そこに生息する微生物や小動物、所狭しと育った野菜類には命と瑞々しい美しさを感じます。

家庭菜園は小さな生命産業です。菜園ライフを楽しんでほしいと願っております。菜園の土作りに本書が少しでもお役にたてたら幸いです。

コラム7　家庭菜園、最初はなにから始めたらいい？

家庭菜園を始めるときは、菜園探しから始める場合と菜園が準備されている場合がありま す。菜園探しから始める場合は、管理しやすい自宅から近い場所を選びます。自宅に近い菜園は、毎日の管理が無理でも観察することは可能です。観察は栽培管理や収穫の時期を決めるのに役に立ちます。

菜園が決まったら、どのような野菜の栽培に向いた土壌なのかを調べて土作りをはじめます。これは、土性にあった材料や方法で行うことが大切です。

家庭菜園には収穫残渣や草などがありますので、堆肥作りにも挑戦してみましょう。収穫残渣や、引き抜いた雑草や刈り草、集めた落葉、分別した生ごみなどを堆積して堆肥を作ります。堆肥の発酵は、炭素と窒素の比率（C／N）が30、水分は60％が最適です。晴天の朝に草を刈り取り、夕方、草が生乾きになった状態が概ねC／N比30、水分60％です。この生乾きの草を堆積すると自然に発酵が始まります。

ところが、上記の材料を集め、菜園の隅に堆積しておくと、降雨などによって水分過多になる場合が多くみられます。水分が多いと酸素が不足しますので、悪臭を伴った嫌気的な発酵となり失敗作になります。そこで、乾燥させた草、モミガラ、ワラなどを混和し、握って崩れる程度に水分調整して堆積します。

家庭菜園にはたくさんの楽しみがあります。堆肥作りがうまくできるようになったら、「最初の一歩」は踏み出せたといっていいでしょう。

巻末資料1　主な粘土鉱物と特徴

カオリナイト

アルミニウムとケイ酸が1：1の割合で、日本の非火山灰土に含まれる粘土鉱物はほとんどがカオリナイト群です。肥料成分を吸着する能力は粘土鉱物のなかでも低く、カオリナイト群が粘土鉱物の主体である土壌は生産性が低いといわれています。

モンモリロナイト

アルミニウムとケイ酸が1：2の割合の構造です。肥料成分を吸着する能力は高く、生産性の高い土壌といわれています。

黒雲母

アルミニウムとケイ酸が1：2の割合の構造で、カリウムを間にはさんで層状になっています。黒雲母は風化しやすく、風化に伴ってカリウムを放出して水と入れかわります。このため、黒雲母はカリウムの塊ともいわれています。花崗岩や泥岩起源の接触変成岩に多く含まれています。

白雲母・イライト

アルミニウムとケイ酸が1：2の割合の構造で、黒雲母と基本的には同じです。白雲母と黒雲母の違いは、白雲母が隙間に3価のアルミニウムイオンが2個入っているのに対して、黒雲母は2価のマグネシウムや鉄イオンが3個入っています。

シャモサイト

アルミニウムとケイ酸が1：2の割合です。肥料成分を吸着する能力は粘土鉱物のなかではカオリナイトの次に低く、シャモサイトが粘土鉱物の主体である土壌は生産性が低いといわれています。

アロフェン

火山灰土に多く含まれ、非結晶の粘土鉱物です。日本に多く存在する黒ボク土に多く含まれています。肥料成分を吸着する量は多いのですが、吸着する力が弱く、特にアンモニアとカリウムはほとんど吸着できません。

バーミキュライト

非結晶性の粘土鉱物で、上記の黒雲母を主成分とする蛭石に熱を加えて膨張させたものです。肥料成分を吸着する能力は粘土鉱物で最も高く、土壌改良資材として利用されます。

被子植物（双子葉）

オミナエシ	フウロソウ	ミソハギ	マツムシソウ
カタバミ	ザクロ	ウリ	アマ
ヒルギ	キキョウ	ミカン	ウリノキ
クサトベラ	モクマオウ	ニガキ	フトモモ
キク	ドクダミ	センダン	ノボタン
センリョウ	ヒメハギ	アリノトウグサ	クルミ
トウダイグサ	ウコギ	ニレ	ツゲ
セリ	クワ	ガンコウラン	ミズキ
アサ	ウルシ	イワウメ	ヤマモガシ
モチノキ	リョウブ	ビャクダン	ニシキギ
サクラソウ	ボロボロノキ	ミツバウツギ	カキノキ
カンアオイ	クロタキカズラ	エゴノキ	ウマノスズクサ
カエデ	モクセイ	ヤマグルマ	トチノキ
マチン	フサザクラ	ムクロジ	リンドウ

被子植物（単子葉）

タコノキ	イネ	ヤシ	ビャクブ
ユリ	ヒガンバナ	リュウゼツラン	ヤマイモ
アヤメ	バショウ	ミョウガ	カンナ

巻末資料2　VA菌根菌と共生する作物

シダ植物

リュウビンタイ	ハナヤスリ	コケシノブ	ヘゴ
キジノオシダ	ウラボシ	ウラジロ	カニクサ
ゼンマイ	ヒカゲノカズラ	イワヒバ	マツバラン

裸子植物

ソテツ	イチョウ	イチイ	マキ
イヌガヤ	スギ	ヒノキ	

被子植物（双子葉）

カツラ	アワブキ	ミツガシワ	キンポウゲ
ツリフネソウ	キョウチクトウ	メギ	クロウメモドキ
ガガイモ	ナンテン	ブドウ	ヒルガオ
ツヅラフジ	ホルトノキ	ハナシノブ	ボタン
シナノキ	ムラサキ	モクレン	アオイ
クマツヅラ	ロウバイ	アオギリ	シソ
クスノキ	マタタビ	ナス	ケシ
ユバキ	ゴマノハグサ	フウチョウソウ	オトギリソウ
ノウゼンカズラ	モウセンゴケ	スミレ	イワタバコ
ベンケイソウ	イイギリ	キツネノマゴ	ユキノシタ
キブシ	ハエドクソウ	トベラ	トケイソウ
オオバコ	マンサク	パパイア	アカネ
バラ	シュウカイドウ	スイカズラ	サクラ
ジンチョウゲ	レンプクソウ	マメ	グミ

作物名	コンパニオンプランツ	期待される効果
9 キュウリ	ナガイモ	生育を促進する
10 コマツナ	アカザ・シロザ	冬の雑草を防ぐ
	ニンジン、レタス	害虫を忌避する
11 ゴボウ	ラッキョウ	生育を促進する
	ホウレンソウ	生育を促進する
12 ゴーヤー	ヤンバルハコベ	生育を促進する、害虫を防ぐ
	ニラ	土壌病害を防ぐ
13 シソ	赤シソと青シソ	それぞれの害虫を防ぐ
14 シュンギク	アブラナ科野菜類	害虫を防ぐ
	バジル	害虫を忌避する
15 スイカ	トウモロコシ	害虫を防ぐ
	長ネギ	土壌病害を防ぐ、生育を促進する
	大麦	うどん粉病を予防
	スベリヒユ	生育を促進する
16 ダイコン	ハコベ	生育を促進する
	マリーゴールド	センチュウを防ぐ
	サツマイモ	生育を促進する
	カブ	生育を促進する
17 タマネギ	クレムソンクローバー	スリプスを防ぐ
	ソラマメ	アブラムシを防ぐ
18 チンゲンサイ	シュンギク	害虫を忌避する
19 トマト	ニラ	土壌病害を防ぐ
	ラッカセイ	窒素を固定し生育を促進する
	バジル	生育を促進する
20 ナス	パセリ	それぞれの害虫を忌避する
	ニラ	土壌病害を防ぐ
	ラッカセイ	窒素を固定し生育を促進する
	インゲン	生育を促進する
21 ニラ	アカザ	生育を促進する

巻末資料3－1　コンパニオンプランツと期待される効果

作物名	コンパニオンプランツ	期待される効果
1 イチゴ	ペチュニア	訪花昆虫が集まりイチゴの着果が良くなる
	ニンニク	花芽分化を促進する
	長ネギ	土壌病害を防ぐ
2 エダマメ	トウモロコシ	相互に生育を促進する 害虫を忌避する
3 インゲン	ルッコラ	生育を促進する
	ナス	生育を促進する
	サツマイモ	生育を促進する
4 ウメ	リュウノヒゲ	根の乾燥を防ぐ 落果を防ぐ
5 カキ	ミョウガ	生育を促進する 落果を防ぐ
6 カブ	チャービル	生育を促進する
	レタス、ニンジン	害虫を忌避する
	シュンギク	生育を促進する
7 カボチャ	野性エンバク・大麦	うどん粉病を防ぐ
	クローバー、オオバコ	うどん粉病を防ぐ
	長ネギ	土壌病害を防ぐ
	スズメノテッポウ	グリーンマルチ
	タマネギ	生育を促進する
8 キャベツ	レタス、ニンジン	モンシロチョウ、コナガ、ヨトウムシを忌避する
	サルビア	モンシロチョウ、コナガを忌避する
	ハコベ	生育を促進する
	シロツメクサ	窒素を固定し生育を促進する 天敵を育てる
春キャベツ	ソラマメ	アブラムシを防ぐ
9 キュウリ	長ネギ	土壌病害を防ぐ 生育を促進する
	野性エンバク・大麦	うどん粉病を防ぐ
	チャービル	害虫を防ぐ

作物名	コンパニオンプランツ	期待される効果
33 ミカン(ユズ)	ヘアリーベッチ	窒素を固定し生育を促進する
	カタバミ	天敵を育てる
34 ミズナ	スベリヒユ	冬の雑草を抑える
	ニラ	害虫を防ぐ
35 ラディッシュ	バジル、ニンジン	害虫を防ぐ
36 レタス	アブラナ科野菜類	害虫を防ぐ
37 トウモロコシ	ダイズ	害虫を防ぐ
	アズキ	生育を促進する
	ミツバ	生育を促進する
	サトイモ	生育を促進する
	スベリヒユ	生育を促進する
38 オクラ	エンドウ	生育を促進する
39 ショウガ	サトイモ	生育を促進する
	ブロッコリー	生育を促進する
40 サツマイモ	ササゲ	生育を促進する
	インゲン	生育を促進する
	ダイコン	生育を促進する
41 ローズマリー	ミョウガ	互いに共栄する
42 ニンニク	クレムソンクローバー	害虫を忌避する
43 ソラマメ	タマネギ	害虫を忌避する
44 サトイモ	ショウガ	生育を促進する
	ジャガイモ	生育を促進する
	パセリ	生育を促進する
	セルリー	生育を促進する
	トウモロコシ	生育を促進する
45 コンニャク	エンバク	土壌病害を防ぐ
46 ラッカセイ	トマト	生育を促進する
	ナス	生育を促進する
	ピーマン	生育を促進する
	陸稲	生育を促進する
47 ライムギ	レンゲ	生育を促進する

巻末資料3－2　コンパニオンプランツと期待される効果

作物名	コンパニオンプランツ	期待される効果
22 ニンジン	エダマメ	窒素を固定し生育を促進する 糖度が上がる
23 ネギ	ホウレンソウ	品質が向上する
24 ハクサイ 	キンレイカ レタス エンバク	害虫を防ぐ 害虫を忌避する ウイルス病を防ぐ 根こぶ病を防ぐ
25 パセリ	ナス	遮光され、品質が向上する
26 ジャガイモ 	ギシギシ サトイモ アカザ	害虫を防ぐ 生育を促進する 生育を促進する 疫病を防ぐ
27 ピーマン	インゲン、ラッカセイ ニラ キンレイカ	生育を促進する 土壌病害を防ぐ 害虫を防ぐ
28 ブドウ	オオバコ カタバミ	土壌病害を防ぐ うどん粉病を防ぐ 天敵を育てる
29 ブルーベリー	ミント	乾燥を防ぐ 害虫を忌避する
30 ブロッコリー	サルビア レタス ショウガ	害虫を忌避する 害虫を忌避する 生育を促進する
31 ホウレンソウ	葉ネギ ゴボウ	硝酸濃度が低下し品質が向上 生育を促進する
32 メロン 	チャイブ スズメノテッポウ 長ネギ	生育を促進する グリーンマルチ 土壌病害を防ぐ 生育を促進する
33 ミカン（ユズ）	ナギナタガヤ	土壌病害を防ぐ 糖度が上がる

巻末資料4　混植・間作を好まない組み合わせ

野菜名	避ける野菜名	現れる障害
 イチゴ	 ニラ	生育が悪くなる
 キュウリ	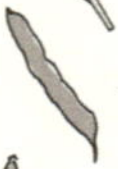 インゲン	センチュウが増える
 スイカ	 インゲン	センチュウが増える
 ダイコン	 長ネギ	枝根になる
 トマト	 ジャガイモ	生育が悪くなる
 ナス	 トウモロコシ	生育が悪くなる
 ニンジン	 インゲン	センチュウが増える
 ジャガイモ	 キャベツ	生育が悪くなる
 メロン	 インゲン	センチュウが増える
 レタス	 ニラ	生育が悪くなる
 キャベツ	 ゴマ	生育が悪くなる
 野菜全般	 ハーブ類	生育が悪くなる

巻末資料5－1　連作で発生する病害虫と主な対策

野菜名	連作障害の病害虫名	主な対策
1 ニンジン	センチュウ類 ネキリムシ	土作り、条まき ソルゴーの前後作
2 ダイコン	萎黄病、ネグサレセンチュウ	マリーゴールドの前後作 1穴多粒まき、土作り
3 カボチャ	疫病、うどん粉病 ネコブセンチュウ	ムギの草生栽培 土作り
4 メロン	つる枯病、つる割病 ネコブセンチュウ アブラムシ	抵抗性台木、長ネギ混植 太陽熱消毒、土壌還元消毒 バンカープランツ
5 キュウリ	つる割病、ネコブセンチュウ つる枯病	抵抗性台木、長ネギ混植 コメヌカ処理、敷きワラ 太陽熱消毒、土壌還元消毒
6 スイカ	つる割病	抵抗性台木、長ネギ混植 土作り、鞍作り
7 サトイモ	乾腐病、黒斑病	土寄せ、ショウガ混植 種芋の選抜
8 サツマイモ	つる割病	非病原性フザリウム菌、麦類との混植、種芋の選抜、土作り
9 ジャガイモ	そうか病、疫病	土壌改良剤、逆さ植え、種芋の選抜
10 コンニャク	乾腐病、根腐病 軟腐病、白絹病	エンバクの混植 種芋の選抜、土壌改良資材
11 エダマメ（ダイズ）	黒根腐病、シストセンチュウ マメシンクイ、紫斑病 カメムシ類	高畝栽培、1穴多粒まき トウモロコシ間作、土作り

野菜名	連作障害の病害虫名	主な対策
21 タマネギ	乾腐病、スリプス	苗床のモミガラ散布、土作り、クレムソンクローバーの間作、1穴2株植え、密植
22 ニンニク	乾腐病、春腐病	密植、土作り
23 長ネギ	萎ちょう病、さび病	条まき、密植、土寄せ
24 ラッキョウ	乾腐病、ネダニ、センチュウ類	種球の選抜・温湯消毒、クロタラリアの前後作、土作り
25 キャベツ	根こぶ病、鱗翅目害虫	おとり植物（ダイコン）、胚軸切断挿木、コーラル、高畝
26 ブロッコリー	萎黄病、根こぶ病 鱗翅目害虫	高畝栽培、コーラル レタスの混植
27 ハクサイ	萎黄病、根こぶ病 鱗翅目害虫	高畝栽培、コーラル エンバクとの間作
28 ソラマメ	えそモザイク病、モザイク病	土作り、障壁植物、頂部カット
29 オクラ	立枯病	1穴多粒まき
30 トウモロコシ	茎腐細菌病、アワノメイガ	多粒まき、土寄せ、雄花切除
31 レタス	腐敗病	雨除け、土作り
32 ニラ	乾腐病、黒腐菌核病、ネダニ、白絹病	古根の処理、土作り

巻末資料5－2　連作で発生する病害虫と主な対策

野菜名	連作障害の病害虫名	主な対策
12 インゲン	根腐病、アブラムシ類 ハダニ類 ネコブセンチュウ	バイオフューミゲーション 土作り、バンカープランツ 高畝栽培、太陽熱消毒、クロタラリアの前後作、障壁
13 エンドウ	つる枯細菌病、根腐病 茎えそ病	土作り、栽培管理 太陽熱消毒、土壌還元消毒
14 ホウレンソウ	萎ちょう病、立枯病	葉ネギ混植、バイオフューミゲーション、土壌還元消毒、太陽熱消毒、条まき
15 コマツナ	根こぶ病、白さび病	コーラル、土壌還元消毒 転炉スラッグ、土作り
16 トマト	萎ちょう病、半身萎ちょう病	抵抗性台木、ニラ混植、バイオフューミゲーション、土壌還元消毒、太陽熱消毒、胚軸切断挿木
17 ナス	青枯病、半身萎ちょう病	抵抗性台木、長ネギ混植、土壌還元消毒、落葉床、胚軸切断挿木
18 ピーマン パプリカ	疫病、斑点細菌病、モザイク病	雨除け栽培、ラッカセイ・キンレイカの混植、抵抗性台木
19 イチゴ	萎黄病、炭そ病、ハダニ うどん粉病、アブラムシ	長ネギ混植、高畝栽培 雨除けポット育苗、ムギの障壁
20 ショウガ	根茎腐敗病、アワノメイガ	敷きワラ、土作り、障壁植物

元肥　100, 106, 112
戻し堆肥法　92
モンモリロナイト　33
痩せ地　114
有機質肥料
　86, 88, 94, 106, 114
陽イオン　32
陽イオン交換容量　33
陽性野菜　121
養分バランス　37
養分保持力　33, 109

〈ら行〉

ラテライト　18
理化学性　17
立体構造　58
リュウノヒゲ　135
緑肥　73, 84
輪作　144, 145, 150, 171
リン酸　38, 83
リン酸肥料　99
連作　144
連作障害　148, 155, 180
ロータリー耕　61
ロゼット　127

地力窒素　32, 86, 189, 190
土寄せ　64
つる割病　170
適応　157
適温　16
適期　16, 190
電気伝導度　36
独立栄養菌　50
土壌改良材　110
土壌構造　29
土壌硬度計　26
土壌水分張力　27
土壌動物　44
土壌病害　53, 165
土壌分析　37
土性　22
突然変異　157

〈な・は行〉

苗　101
苗床　138
軟腐敗　88
日長　123
根　80
根こぶ病　48
粘土　22
粘土鉱物　30, 33
農薬　100
葉　119
バーク堆肥　89
バーミキュライト
　33, 34, 110
灰色低地土　19, 21
白色腐敗　89
発病残渣　165
発病衰退現象　149
発病抑止型土壌　148
春耕起　64
ハロー耕　61
光　120
光飽和点　121
ヒガンバナ　136
微生物　44, 46, 87, 149
病害　53
病原菌　148, 155, 166
微量要素　38
不均衡進化　156
複合肥料　99
不耕起　64
腐植　20, 31, 34
物理性　26
腐葉土　98
プラウ耕　61
フランキュア　51
分解　105, 154
ヘアリーベッチ　73
放線菌　47
ボカシ肥　96
保水性　118
ポドゾール　18

〈ま・や行〉

マグネシウム　38
未熟　85
未熟な堆肥　89
水　104
ミミズ　45
無機質肥料　86, 87
ムシゲル　81
明渠　65
毛管水　28
木炭　97

肥えた土　30
固相　26
固相率　26
五大栄養素　17, 38
コムギ立枯病　149
混植　130
コンパニオンプランツ
　134, 141
根粒菌　51

〈さ行〉

細菌　46
細砂　22
栽培計画　175
作付け計画　175
作土層　59
砂壌土　22
酸性　34, 48
酸度　35, 48
塩　49
敷き草　102
敷き料　102
敷きワラ　102
糸状菌　47
自然暦　190
収穫残渣　44, 84, 165
従属栄養菌　50
熟畑　75
種子　101, 192
硝酸態窒素　85, 117
壌土　22
埴壌土　22
シルト　22
水田跡　71
水分　117
水分率　26
鋤床層　59
砂　22
炭　52
スリプス　171
生殖生長　188
成帯性土壌　18
成帯内性土壌　18
生物性　17, 44
石灰　98
そうか病　171
双子葉野菜　116
草生栽培　85
粗砂　22
ソルゴー　73

〈た行〉

耐久腐植　31
堆肥　89, 94, 106
多年生　186
多量要素　38
短日性野菜　123
単子葉野菜　116
炭素率　90
単肥　99
単粒構造　29
団粒構造　29
地温　128, 129
窒素　38, 83, 85
窒素飢餓現象　94
窒素固定菌　51, 114
窒素肥料　86, 99
中耕　64
中熟堆肥　91
中性野菜　123
沖積土　19
長日性野菜　123

さくいん

〈英文字〉

C/N比　90
CEC　33, 109
pF　27
pH　35, 48
VA菌根菌　52

〈あ行〉

秋耕起　63
アレロパシー　172
アロフェン　31
暗渠　66
安定腐植　31
アンモニア態窒素　85, 116
移植　138
一年生　186
萎ちょう病　171
色　39
陰性野菜　121
畝　62
栄養生長　188
栄養腐植　31
易分解性腐植　31
塩害　49
追肥　100, 106, 112
落ち葉床　103

〈か行〉

改良用土　110
香り　39
カオリナイト　31
化学性　30, 36
化学肥料　86, 87, 99, 108
花芽分化　123
化成肥料　99
下層土　60
褐色森林土　18, 20
褐色腐敗　88
カリウム　38, 83
カリ肥料　99
カルシウム　38
間作　130, 133
完熟　85
完熟堆肥　89
岩屑土　21
間帯性土壌　18
気温　125, 128
気候性土壌　18
拮抗菌　155
基本用土　110
客土　40
菌根菌　52, 55
空気率　26
グライ層　21
グライ土　19, 21
鞍作り　25
クレムソンクローバー　133
クロタラリア　73
黒土　19
黒ボク土　19
くん炭　52
原産地　184
耕耘　61, 76, 174
孔隙　26
耕作放棄地　68, 70
高度化成　99
酵母　47

136, 137, 195
トマト
22, 28, 119, 124, 125, 134, 135, 137, 171, 172, 174, 185, 187

〈な・は行〉

長ネギ
63, 102, 116, 121, 133, 135, 137, 196
ナス
22, 63, 94, 103, 115, 119, 124, 125, 129, 131, 133, 137, 171, 174, 187
ニラ　22, 127, 135, 137
ニンジン
94, 116, 119, 127, 173, 195
ニンニク
125, 127, 131, 133, 135
ネギ　127
ハクサイ　127, 131, 134, 137
ハコベ　135
パセリ　133, 137
ハッショウマメ　136
葉ネギ　131, 133
パプリカ　119
ピーマン
22, 115, 119, 124, 135, 137
ブロッコリー
94, 125, 127, 133, 134, 137, 138, 172
ホウレンソウ
63, 67, 73, 76, 103, 115, 123, 125, 131, 133, 172, 196

〈ま・や・ら行〉

ミツバ　122
ミョウガ　122, 135, 137
メロン
116, 118, 119, 121, 123, 125, 133
ヤマイモ　22
ユウガオ　133
ラッカセイ
118, 131, 133, 135, 137
ラッキョウ　22, 127, 187
レタス
22, 133, 135, 137, 138
ローズマリー　134, 137

作物名さくいん

〈あ行〉

アサツキ　127
アスパラガス　122, 125
アルファルファ　137
イチゴ　63, 114, 123, 135
インゲン
114, 122, 125, 133, 195
ウメ　135
エンドウ　123, 125, 174, 181
エンバク　131, 133, 137
オオムギ　133
オクラ　103, 123

〈か行〉

カキ　135
カブ　127
カボチャ　125, 133, 173
カリフラワー　127
キャベツ
76, 125, 127, 134, 135, 137, 161
キュウリ
28, 102, 116, 119, 122, 123, 125, 129, 134, 135, 137
ゴーヤー　125, 134
ゴボウ　22, 116, 125, 127
コマツナ　103, 115
コムギ　133, 162
コンニャク
102, 122, 137, 187

〈さ行〉

ササゲ　133
サツマイモ
76, 114, 118, 133, 172, 173
サトイモ
73, 118, 122, 133, 174, 187
ジャガイモ
94, 116, 119, 127, 133, 135, 137, 171, 174, 180
シュンギク　123, 135
ショウガ
22, 63, 73, 102, 118, 122, 187
スイートコーン　133
スイカ
24, 73, 116, 118, 121, 124, 125, 135, 137, 170
セルリー　127
ソバ　134, 172
ソラマメ　125, 133

〈た行〉

ダイコン
63, 94, 115, 127, 133, 158, 170, 173, 194
タイサイ　127
ダイズ
63, 68, 76, 114, 131, 134, 135, 136, 137, 162, 172, 194
タマネギ
116, 119, 125, 127, 133, 171, 173, 197
玉レタス　119
トウガン　125
トウモロコシ
63, 115, 121, 125, 131, 133,

N.D.C.626　218p　18cm

ブルーバックス　B-1895

「育《そだ》つ土《つち》」を作《つく》る家庭菜園《かていさいえん》の科学《かがく》

有機物や堆肥をどう活かすか

2014年12月20日　第１刷発行

2023年10月13日　第４刷発行

著者　木嶋利男《きじまとしお》

発行者　髙橋明男

発行所　株式会社講談社

〒112-8001 東京都文京区音羽2-12-21

電話　出版　03-5395-3524

販売　03-5395-4415

業務　03-5395-3615

印刷所　（本文表紙印刷）株式会社ＫＰＳプロダクツ

（カバー印刷）信毎書籍印刷株式会社

製本所　株式会社ＫＰＳプロダクツ

ISBN978−4−06−257895−0

発刊のことば

科学をあなたのポケットに

　二十世紀最大の特色は、それが科学時代であるということです。科学は日に日に進歩を続け、止まるところを知りません。ひと昔前の夢物語もどんどん現実化しており、今やわれわれの生活のすべてが、科学によってゆり動かされているといっても過言ではないでしょう。

　そのような背景を考えれば、学者や学生はもちろん、産業人も、セールスマンも、ジャーナリストも、家庭の主婦も、みんなが科学を知らなければ、時代の流れに逆らうことになるでしょう。

　ブルーバックス発刊の意義と必然性はそこにあります。このシリーズは、読む人に科学的に物を考える習慣と、科学的に物を見る目を養っていただくことを最大の目標にしています。そのためには、単に原理や法則の解説に終始するのではなくて、政治や経済など、社会科学や人文科学にも関連させて、広い視野から問題を追究していきます。科学はむずかしいという先入観を改める表現と構成、それも類書にないブルーバックスの特色であると信じます。

一九六三年九月　　野間省一

ブルーバックス　生物学関係書（I）

1073 へんな虫はすごい虫　安富和男
1176 考える血管　児玉龍彦／浜窪隆雄
1341 食べ物としての動物たち　伊藤　宏
1391 ミトコンドリア・ミステリー　林　純一
1410 新しい発生生物学　木下　圭／浅島　誠
1427 筋肉はふしぎ　杉　晴夫
1439 味のなんでも小事典　日本味と匂学会＝編
1472 DNA（上）ジェームス・D・ワトソン／アンドリュー・ベリー　青木　薫＝訳
1473 DNA（下）ジェームス・D・ワトソン／アンドリュー・ベリー　青木　薫＝訳
1474 クイズ　植物入門　田中　修
1507 新しい高校生物の教科書　栃内　新　左巻健男＝編著
1528 新・細胞を読む　山科正平
1537 「退化」の進化学　犬塚則久
1538 進化しすぎた脳　池谷裕二
1565 これでナットク！　植物の謎　日本植物生理学会＝編
1592 発展コラム式　中学理科の教科書　第2分野（生物・地球・宇宙）　石渡正志　滝川洋二＝編
1612 光合成とはなにか　園池公毅
1626 進化から見た病気　栃内　新
1637 分子進化のほぼ中立説　太田朋子
1647 インフルエンザ　パンデミック　河岡義裕／堀本研子
1662 老化はなぜ進むのか　近藤祥司
1670 森が消えれば海も死ぬ　第2版　松永勝彦
1681 マンガ　統計学入門　アイリーン・マグネロ＝文　ボリン・V・ルーン＝絵　神永正博＝監訳　井口耕二＝訳
1712 図解　感覚器の進化　岩堀修明
1725 魚の行動習性を利用する釣り入門　川村軍蔵
1727 iPS細胞とはなにか　朝日新聞大阪本社　科学医療グループ
1730 たんぱく質入門　武村政春
1792 二重らせん　ジェームス・D・ワトソン　江上不二夫／中村桂子＝訳
1800 ゲノムが語る生命像　本庶　佑
1801 新しいウイルス入門　武村政春
1821 これでナットク！　植物の謎Part2　日本植物生理学会＝編
1829 エピゲノムと生命　太田邦史
1842 記憶のしくみ（上）　ラリー・R・スクワイア　エリック・R・カンデル　小西史朗／桐野　豊＝監修
1843 記憶のしくみ（下）　ラリー・R・スクワイア　エリック・R・カンデル　小西史朗／桐野　豊＝監修
1844 死なないやつら　長沼　毅
1849 分子からみた生物進化　宮田　隆
1853 図解　内臓の進化　岩堀修明

ブルーバックス　生物学関係書（II）

1861 発展コラム式　中学理科の教科書　改訂版　生物・地球・宇宙編　石渡正志／滝川洋二＝編
1872 マンガ　生物学に強くなる　堂嶋大輔＝作　渡邊雄一郎＝監修
1874 もの忘れの脳科学　苧阪満里子
1875 カラー図解　アメリカ版　大学生物学の教科書　第4巻　進化生物学　D・サダヴァ他　石崎泰樹　斎藤成也＝監訳
1876 カラー図解　アメリカ版　大学生物学の教科書　第5巻　生態学　D・サダヴァ他　石崎泰樹　斎藤成也＝監訳
1889 社会脳からみた認知症　伊古田俊夫
1898 哺乳類誕生　乳の獲得と進化の謎　酒井仙吉
1902 巨大ウイルスと第4のドメイン　武村政春
1923 コミュ障　動物性を失った人類　正高信男
1929 心臓の力　柿沼由彦
1943 神経とシナプスの科学　杉　晴夫
1944 細胞の中の分子生物学　森　和俊
1945 芸術脳の科学　塚田　稔
1964 脳からみた自閉症　大隅典子
1990 カラー図解　進化の教科書　第1巻　進化の歴史　カール・ジンマー　ダグラス・J・エムレン　更科　功／石川牧子／国友良樹＝訳
1991 カラー図解　進化の教科書　第2巻　進化の理論　カール・ジンマー　ダグラス・J・エムレン　更科　功／石川牧子／国友良樹＝訳
1992 カラー図解　進化の教科書　第3巻　系統樹や生態から見た進化　カール・ジンマー　ダグラス・J・エムレン　更科　功／石川牧子／国友良樹＝訳
2010 生物はウイルスが進化させた　武村政春
2018 カラー図解　古生物たちのふしぎな世界　土屋　健／田中源吾＝協力
2034 DNAの98％は謎　小林武彦
2037 我々はなぜ我々だけなのか　川端裕人／海部陽介＝監修
2070 筋肉は本当にすごい　杉　晴夫
2088 植物たちの戦争　日本植物病理学会＝編著
2095 深海——極限の世界　藤倉克則・木村純一＝編著　海洋研究開発機構＝協力
2099 王家の遺伝子　石浦章一
2103 我々は生命を創れるのか　藤崎慎吾
2106 うんち学入門　増田隆一
2108 DNA鑑定　梅津和夫
2109 免疫の守護者　制御性T細胞とはなにか　坂口志文／塚﨑朝子
2112 カラー図解　人体誕生　山科正平
2119 免疫力を強くする　宮坂昌之
2125 進化のからくり　千葉　聡
2136 生命はデジタルでできている　田口善弘
2146 ゲノム編集とはなにか　山本　卓
2154 細胞とはなんだろう　武村政春